新ウェイト版
フルデッキ78枚つき

タロット占い
の
教科書

賢龍雅人
kenryuu Masato

新星出版社

　私たちは日々迷い、悩み、立ち止まりながら生きています。愛しいはずの恋人となぜすれ違ってばかりなのか。長年勤めてきた会社を辞めるべきか、続けるべきか。より幸せな未来のために、どんな行動をとればいいのか……。

　人生に迷いを抱えた時、タロットはとても役立つツールです。自分と向き合って答えを出すうえで、タロットは私たちの心の深いところを刺激し、新たな視点や問題点を見せてくれるのです。「選択の連続」と言われる人生の中で、誰に相談をしても、何をヒントにしても、結局最後に決断をするのは自分自身。タロットはそんな決断のサポートをしてくれる、心強い相棒のような存在なのです。

　ここ10数年、SNSなどの普及により、タロットのイメージは大きく変わってきました。以前は書店の片隅におかれている、ほこりをかぶった怪しい絵柄の占い道具といった印象で、レジに持って行くにも勇気がいるものでした。ところが今は、多くの人が動画やSNSで日々の占いをアップするなど、タロット占いが人々の日常に浸透していることを感じます。

　この本はタロットを利用して、迷いを抱える皆さんが自分を知り、未来を発見できることを目的としています。タロットからのメッセージをポジティブに受けとり、それを信じて行動することで、私たちは今という時間をいっそう有意義に過ごせるはず。タロットがあなたの決断の一助となるよう、本書には豊富な解釈やタロットの活用方法を掲載しています。

　また、本書には「新ウェイト版」として、78枚のフルデッキがついています。従来のウェイト－スミス版の基本的な図像はそのまま、使いやすいサイズ、図像がダイナミックに見えるフチなしのデザイン、さらには覚えにくいと言われがちな小アルカナの背景色をスートごとに色分けした、こだわりのデッキです。タロットに触れるのが初めてという方はもちろん、すでに様々なタロットに触れてきた熟練者の方にも、きっとご愛用いただけるデッキになっていると思います。

　本書を手にとってくださった皆さんが、タロットを活かして人生におけるよりよい選択をし、明るい未来への一歩を踏み出せるよう願っております。

賢龍雅人

··· C O N T E N T S ···

本書の特徴と構成

＼ 一人占いの実践に役立つポイントがもりだくさん！ ／

①わかりやすい カード解説

各カードの丁寧な解説はもちろん、悩みのジャンル別キーワードやラッキーアイテムなど、初級者の方でもすぐに自分を占えます。

②経験豊富な 著者が教える リーディングのヒント

タロット鑑定経験の豊富な著者が、実践を経て得た解釈方法や、ルールに囚われない自由な読み方を惜しみなくお伝えします。

③豊富な実践例

著者が実際にクライアントの様々な悩みを占った鑑定実例及び、一人占いへの指導例、合計30例以上を掲載しています。

Section1 **タロットカード とは**	タロットの概要及び基本知識、また、タロットを活用するために著者が実践している具体的なリーディング方法を説明します。タロットカードに触れる前に、まずはタロットの仕組みを理解しましょう。
Section2 **大アルカナ カード解説** **Section3** **小アルカナ カード解説**	リーディングの本筋を作る大アルカナ22枚、そこに深みを与える小アルカナ56枚を、1枚ずつ解説します。象徴やイメージを掴み、各カードが持つ意味を多角的な視点で捉え、理解を深めていきましょう。
Section4 **タロット占いの 始め方**	タロット占いを始めるうえでの具体的な手順の説明です。基本を押さえつつ、ルールに囚われない自分なりの方法を見つけましょう。本書では全8種類のスプレッドと、各鑑定実例を掲載しています。
Section5 **上達のための レッスン**	基本を学んだことを前提に、さらにタロットの世界を楽しめる自由な占い方や、リーディングの幅を広げる解釈方法、コートカードで相性を占う方法を紹介します。タロットの新たな可能性が広がるでしょう。
Section6 **賢龍雅人の 一人占い指導**	著者がタロット初級者から中級者の一人占いに立ち会い、進行・指導した実録形式の実践例です。カード解説を基にした解釈の応用例や、皆さんのつまずきを解消するためのヒントがもりだくさんです。

Section1

タロットカード
とは

タロットカードとは
いったいどんなものなのか、
タロット占いでは何がわかるのか。
初級者の皆さんが抱きがちな
疑問を解き明かしていきます。
まずは、占う前に知っておきたい基礎知識を
この章で学んでいきましょう。

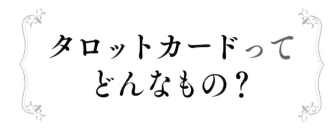

タロットカードってどんなもの？

カードは「道具」、占い師は「マジシャン」

　長年の鑑定経験の中で、私はタロットの神秘的な啓示力にドキリとさせられたことが何度もあります。クライアントの方も、タロット占いの場で目の当たりにする予言力や的中力に驚かれることは多いものです。あるいは、タロットのミステリアスな図像に想像力を喚起され、カードそのものに霊的な力があると思われる方もいます。でも、そんなことはありません。カードはカード、あくまでも道具にすぎないのですから。

　タロットというカードに力を与えるのは、その読み手たる占い師、あるいは今この本を読んでくださっているあなた自身です。もしカードに魔法が宿るとしたら、それはその時、カードの読み手が「道具」を操り意味を見出す「マジシャン」になっているからでしょう。読み手は過去のタロティストたちが積み重ねてきた伝統的な手法や象徴の解釈を導きの糸として、現れたカードから現実を読み解きます。不思議な直感を得ることもありますが、あくまでも占術のメソッドに則り、象徴を解釈し、その意味をお伝えするのが占い師の仕事です。当然違う考えの占い師もいるでしょうが、私自身には不思議な力や霊感はないし、そういったスタンスで鑑定をしています。ですから皆さんも、「私には特別な力がないから……」なんて気負わず、占いを楽しんでください。

日々のモヤモヤを解消してくれるタロット

　タロット占いは、偶然得た結果から吉凶や成り行きを占う「卜占（ぼくせん）」に分類されます。占星術のように、生年月日などのデータに基づくのではなく、現れたカードから答えを導き出します。

　タロットは、日々発生する些細なモヤモヤや悩みに対して、具体的なアドバイスを与えてくれます。この本を手にとってくださった方の多くは、おそらく何かの迷いや悩みを抱えていらっしゃるのではないでしょうか。そんな皆さんが人生に立ち止まってしまった時、タロットカードという道具を使って、悩みや問題に対して何らかの筋道を立て、考えをリセットして新たな一歩を踏み出せればいいな、と私は思います。

　基本的にタロットでは、どんなことでも占えます。自分の未来や相手の気持ち、どちらを選んだらいいか、いつ出会いがあるか、転職したらどうなるか……など、日常的に浮かぶ様々な悩みに対する答えを得ることができます。ただし、タロットへの質問は具体的でなければなりません。曖昧（あいまい）な質問だと、出たカードから都合のいい解釈をしてしまいがちだからです。

　タロットで占えないことはないとは言うものの、プロの占い師として、クライアントの依頼を断らざるを得ない内容もあります。たとえば、人の生死や犯罪にまつわることなどのリスクがある内容があげられます。また、合否や勝敗などのYES・NOを知りたいといった内容は、質問を変えていただくことも。そういった場合は合否や勝敗の結果ではなく、「合格発表の日のあなたの状態」などを占うようにしています。

　私の鑑定では、思い詰めた顔で来たクライアントの多くが「スッキリした！」と言って帰っていきます。タロットを使って、皆さんにもそのスッキリ感を味わっていただければ幸いです。

タロット占いで
何ができる?

なぜタロットは当たるのか

　初めてタロットを見た人の多くが、その不思議な図像に強く惹きつけられたと言います。数百年前の西欧という異文化で生まれたカードが、21世紀、東洋の島国の私たちの心に刺さる。それはなぜなのでしょう? また、無垢な心を持つ子どもたちが、大人以上にタロットの図像に反応するのも私は見てきました。タロットには文化や時代を越え、人の心を刺激する何かがあるのです。心理学者ユングなら、「タロットの図像は、人が普遍的に持つ集合的無意識から生じる元型に基づいているからだ」と言うのではないでしょうか。〈悪魔〉的な欲望、〈皇帝〉が持つ強い力、人生の中で不可避の終焉を示す〈死〉……。人生の中で誰しもがこうした事象と直面します。ユングは、人々の心に共通して存在する普遍的なイメージを「元型」と呼びました。これはタロットのみならず、世界中の神話やおとぎ話にも見られるモチーフです。

　タロット占いでは、元型的なイメージが否応なく目の前に展開されていきます。時には、ユングが「共時性」と呼んだ不思議な偶然という形で、本人の心にとって最も重要な課題となっている元型的なイメージのカードが現れることもあります。テーブル上に展開されるタロットは、心の深いところを刺激し、本人でさえ気がつかなかった問題や視点をあぶり出してくれるのです。

一人占いこそタロットの本領

　タロットでは「一人占いをしてはいけない」と言う占い師もいます。自分自身ではカードを「客観的」に読めないというわけです。でも、私はそうは思いません。そもそも、実際の鑑定でも、私は「このカードが出たからこうです」と「客観的」に断定することはありません。クライアントのお話を伺いながら、カードの象徴を照らし合わせつつ、一緒に解決策を探していくのです。

　大胆に言えば、タロット占いとは、占い師が未来を「当てる」のではなく、クライアントご自身がカードから答えを見つけていくもの。占い師はその手助けをするだけ。これは一人占いでも同じです。占い師の代わりにカードを通して自分と対話し、これまで気がつかなかった側面に目を向け、新たな視点を見つければいいのです。自分に向き合う勇気があれば、むしろタロットは一人占いのほうが本領を発揮すると言えます。ぜひ、占うという行為を通じて自分の心を癒やし、明るい未来を発見しましょう。

タロットカードの基礎知識

代表的な２大タロット

　現在一般に普及しているタロットカードは、大きく分けて「マルセイユ版」と「ウェイト＝スミス版」（ライダー版）の２種類です。歴史的に古いのはマルセイユ版ですが、タロットと聞いてまず思い浮かべるのはウェイト＝スミス版なのではないでしょうか。

　マルセイユ版とウェイト＝スミス版では図像が大きく異なります。前者は色味が限定され、タッチもシンプル。対してウェイト＝スミス版は色彩豊かで、描かれるモチーフも多く、タッチは現代的です。また、マルセイユ版の小アルカナは図形のように抽象的ですが、ウェイト＝スミス版は人物や情景が描かれます。

　ウェイト＝スミス版は図像から得られる情報がより多いことから、リーディングの際にも意味をイメージしやすいと言えます。また、大きな違いとして、マルセイユ版とウェイト＝スミス版では〈正義〉と〈力〉のカードの順番が逆になっています。

　本書では、ウェイト＝スミス版の使用を基本としています。

タロットデッキの構成

　タロットカードのデッキは、全78枚で構成されています。78枚は「大アルカナ（メジャーアルカナ）」の22枚、「小アルカナ（マイナーアルカナ）」の56枚に分けられます。大アルカナは固有の名称を持ち、1枚1枚が象徴的な意味を示します。小アルカナは、日常的で具体的な出来事や人物像を表します。小アルカナは14枚ずつ、火を表すワンド（こん棒・杖）、空気・風を表すソード（剣）、水を表すカップ（聖杯）、地を表すペンタクル（金貨）の4つの要素「スート」に分けられます。さらに、14枚は1 〜 10の番号が振られた「ヌーメラルカード（数札）」10枚と人物が割り当てられた「コートカード（人物札）」4枚に分けられます。

78枚の構成

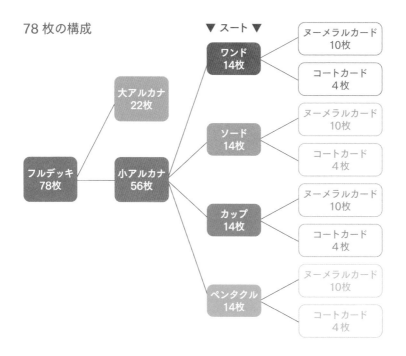

▼ スート ▼

- フルデッキ 78枚
  - 大アルカナ 22枚
  - 小アルカナ 56枚
    - ワンド 14枚
      - ヌーメラルカード 10枚
      - コートカード 4枚
    - ソード 14枚
      - ヌーメラルカード 10枚
      - コートカード 4枚
    - カップ 14枚
      - ヌーメラルカード 10枚
      - コートカード 4枚
    - ペンタクル 14枚
      - ヌーメラルカード 10枚
      - コートカード 4枚

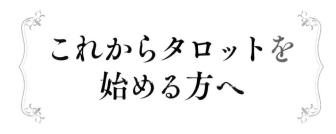

これからタロットを始める方へ

タロットと上手に付き合う方法

　タロットは私たちに希望を与えてくれる素晴らしいツールです。しかしタロットに限らず、占いに人生を左右されすぎてはいけません。前述した通り、タロットは道具で占い師はマジシャンです。占いは決断をするうえでの後押しや、不安解消のための手段にすぎません。占いに心酔して人生の決断のすべてを占い任せにしてしまっては、大切なものを見失います。私はあくまでも、占いはヒントやアドバイスとして活用するものだと思っています。ですから、占い結果を深刻に受け止めすぎてネガティブになったり、行動を起こす前から諦めてしまったりしないでほしいのです。

「自己成就予言」という言葉を聞いたことがあるでしょうか。根拠のないことでも、思い込んでいるうちにそれが成就してしまう現象です。逆に占い師に悪いことを言われ、心にしこりを残してしまうことを、私は「呪いをかける行為」と呼んでいます。占う側が放つ一言が、心に深い傷を刻んでしまうこともあります。一見ネガティブに見える結果でも、改善できるアドバイスとして受けとることができれば、カードからのメッセージは希望となるのです。ですから、「これからどうなる？」と未来を読む時には、できる限りポジティブな解釈をすることをおすすめします。次のページからは、具体的なタロットとの付き合い方を紹介します。

①良いカード、悪いカードと判断しない

　ウェイト＝スミス版は図像の印象が強く、パッと見て「このカードはアンラッキー」と感じることもあるでしょう。しかし、<u>どんなカードにもポジティブな面、ネガティブな面があるのです</u>。

　たとえば〈愚者〉は「自由」を示し、一見ポジティブな意味に思えます。しかし、足並みを揃えなくてはならない状況で自由さが表れた場合、それはネガティブになります。カードの良し悪しは時と場合によって変わるので、このカードは良い、悪いと決めつけないことが大切です。よく〈死〉は悪いカードと捉えられがちですが、「終わり」と共に「解放」という解釈もできるのです。

　本書では、各カードのポジティブ解釈とネガティブ解釈を掲載しています。基本的にはポジティブで読み、状況に応じてネガティブ解釈も参考にしてみるといいでしょう。

②読まないカードがあってもいい

　タロットのスプレッド（並べ方）には、1つ1つの位置に意味があります。そうなると、1枚1枚をしっかりと読み、意味をつなげて解釈しなければならないと感じる方も多いでしょう。

　ですが、タロット占いで質問を立てるのは、その問題の答えが知りたいからのはず。ですから、<u>質問の答えさえわかれば、私はすべてを読む必要はまったくないと思っています。質問の答えがわかって問題解決への糸口が掴めたのならば、必要以上の意味づけをして、余計なことまで読まなくてもいいのです</u>。

　鑑定では、大アルカナで知りたい答えを見出し、質問に沿わないカードは読み飛ばすこともあります。また、その時読み飛ばしたカードの意味に、後になってクライアント側が「あのカードはこのことを表していたのか」と気づくこともあります。

　カードを展開したら、まず大アルカナが出たところだけをチェックします。そして、大アルカナだけでざっくりとしたストーリーを作ります。残りの小アルカナは、大アルカナで作ったストーリーを肉づけするものとして扱います。「全部をしっかり読まなくてもいいの？」と思う方もいるでしょうが、小アルカナはマイナーアルカナとも呼ばれる通り、メジャーアルカナとも呼ばれる大アルカナと比べたら、意味としては弱いのです。

　実際の鑑定の場でも、恋愛に関する相談で〈恋人〉が出て、良い結果と判断できるのに、たった1枚〈ソードの3〉が出ただけで、「もうダメだ……」なんて落ち込んでしまう方もいます。たしかにウェイト＝スミス版の〈ソードの3〉は失恋を彷彿とさせるショッキングなビジュアルですが、それだけでネガティブになってしまうのはもったいないことです。どんなに強いインパクトを与えたとしても、〈ソードの3〉は小アルカナです。メジャーとマイナーという名前がついているくらいですから、メジャーである大アルカナこそが何より重要ですし、リーディングにも強弱をつけるべきだと私は思っています。

④逆位置についての考え方

　カードの図像が上下逆に出ることを逆位置と言います。正位置が「YES」「良い結果」、逆位置が「NO」「悪い結果」と捉えられがちですが、タロットはそこまで単純ではありません。また、逆位置は正位置と反対の意味になるということでもありません。基本的には下記の2つの解釈を行います。

①カードの持つ解釈が質問に対してネガティブに表れる

②本来正しく向かうはずのエネルギーが滞っている

　たとえば〈司祭〉は道徳観や宗教、規律を表しますが、逆位置だと「不道徳」になるのではなく、「保守的」などと解釈できます。しかし「保守的」が悪いかどうかは質問によるので、逆位置だからといって必ずしも「悪い結果」になるのではないのです。

　本書では逆位置の意味も掲載していますが、必ずしも逆位置をとる必要があるわけではありません。質問に対して、逆位置の解釈が通じるのであれば採用することもありますが、カードが持つ本質的な意味は変わらないと考え、採用しないことも多いです。また、アドバイスを求める質問の場合も逆位置はとりません。

⑤ワンオラクルはおみくじ的に

　ワンオラクル（1枚引き）は、よく初級者向けと言われるスプレッドです。クライアントから複雑な質問を受けた時に、たった1枚で解釈するには、質問への答えとして方向性を誤ってしまう可能性があるため、私はあまり使用しません。

　ただ、カードに親しむ、慣れることを目的としてワンオラクルを活用するのはいいでしょう。本書では各カードの「ワンオラクルヒント」も掲載しています。1日の指針や幸運を導くアイテムを知る「おみくじ」的なツールとしてとり入れてみてください。

カード解説の見方

Section2では大アルカナ、Section3では小アルカナを
解説しています。それぞれの解説の項目について説明します。

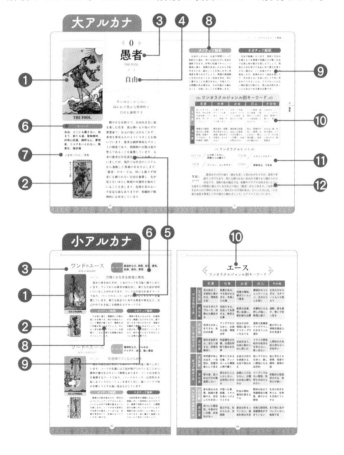

❶ 本書付録・新ウェイト版タロット

本書の付録の新ウェイト版タロットの画像を掲載しています。本オリジナルデッキは、「ウェイト＝スミス版」を尊重したうえで、「アルバノ＝ウェイト版」のオマージュとして大アルカナ〈節制〉のカードに虹を加えています。また、小アルカナは各スートの違いがわかりやすいように背景色を変更しています。

❷ マルセイユ版タロット

マルセイユ版タロットの画像を掲載しています。本書掲載のマルセイユ版は、「コンヴェル版」と呼ばれるデッキです（画像提供／夢然堂）。

❸ カードの名称・番号

カードの名称及び番号です。本書では「ウェイト＝スミス版」に沿った名称と順番で掲載しています。

❹ テーマ

カードが象徴する一番大きな意味です。このテーマを基本として、カードのイメージをふくらませましょう。

❺ ストーリー

カードの絵柄や歴史、象徴など、各カードの成り立ちの説明です。内容は、作者のアーサー・エドワード・ウェイト氏自身による解釈と、その他の研究者の解釈を混在させたうえでの著者による解説です。

❻ キーワード

❹のテーマや❺のストーリーを基にした、各カードの解釈の手がかりとなる具体的な言葉です。リーディングの際の参考にしてみてください。

❼ 占星術の対応

各カードが対応している、占星術の12星座・惑星・四元素（76ページ）のいずれかです。これは黄金の夜明け団（22ページ）による対応に基づいています。

❽ ポジティブ解釈

カードの意味をポジティブに解釈した際の意味です。基本的にはこちらの意味を採用して解釈することをおすすめします。

❾ ネガティブ解釈

カードの意味をネガティブに解釈した際の意味です。リーディングの幅を広げるため、また改善点が知りたい時に参考にしてみてください。

❿ ワンオラクルジャンル別キーワード

ワンオラクルで使用できる、「恋愛」「仕事」「お金」「対人」「その他」というジャンル別にした、正位置・逆位置ごとのキーワードです。❻のキーワードを基に、質問のジャンルによってどう解釈できるかをまとめています。ワンオラクルだけでなく、他のスプレッドの解釈のヒントにも使ってみてください。

⓫ ワンオラクルヒント

ワンオラクルで、このカードの象徴から、指針となる「アドバイス」、幸運を導く「カラー」「アイテム」「フード」の神託を受けられます。

⓬ 賢龍's point

著者の豊富な実践経験による、各カードのポイントです。補足的な意味、または鑑定の場での具体的な解釈例などを紹介しています。

タロットカードの歴史

タロットカードはどのようにして生まれたのでしょうか。
現在最も多く使われているウェイト＝スミス版が
誕生するまでの大まかな歴史の流れを紹介します。

✦ ウェイト＝スミス版誕生までの流れ ✦

1450年頃	イタリア・ミラノ	「ヴィスコンティ・スフォルツァ・タロット」の誕生
18世紀〜19世紀	フランス	「マルセイユ版」と総称される木版デッキの普及
1781年	フランス	学者クール・ド・ジェブラン『原始世界』によって、タロットのエジプト起源説が広まる
1853年	フランス	魔術師エリファス・レヴィ『高等魔術の教理と祭儀』によって、タロットとカバラの結びつきが提唱される
1888年	イギリス・ロンドン	「黄金の夜明け団」設立
1909年	イギリス・ロンドン	「黄金の夜明け団」のアーサー・エドワード・ウェイトとパメラ・コールマン・スミスによって「ウェイト＝スミス版」タロットが出版

　現存する最古のタロットカードは、15世紀前半にイタリアのミラノを支配していた貴族の「ヴィスコンティ家」によって遊戯用に制作された「ヴィスコンティ・スフォルツァ・タロット」です。14世紀のヨーロッパではすでに数札を中心とするゲーム用カードが存在しており、これに大アルカナと呼ばれる22枚が追加され、タロットカードが生まれたと考えられています。

　その後、18世紀頃に「マルセイユタロット」が誕生しました。印刷技術の向上により大量印刷が可能になったことから、18世紀から19世紀にかけて、庶民の間でも遊戯用としてのタロットカードが普及しました。

　19世紀のフランスでは、詩人・隠秘学思想家・魔術師のエリファス・レヴィによってタロットとカバラの結びつきが提唱され、その頃フランスで広まったエジプトブームと相まって、タロットが魔術的・オカルト的なものとしての意味を持つこととなります。

　やがて、1888年にイギリス・ロンドンで結成された「黄金の夜明け団」という魔術結社のメンバー、アーサー・エドワード・ウェイトとパメラ・コールマン・スミスによって、1909年、現代でも親しまれている「ウェイト＝スミス版」が出版されました。

　タロットの起源は古代エジプトと言われることもありますが、それを裏づけるものは今も見つかっていません。1781年にフランスのクール・ド・ジェブランが古代エジプト起源説を説いたことから広まっていったものと考えられます。

Section2

大アルカナ
カード解説

タロットカードを象徴する大アルカナ。
メジャーアルカナと呼ばれることからも、
リーディングをする際には
特に比重をおく必要があります。
大アルカナの22枚をマスターすれば、
タロットリーディングの大部分を
解釈することができるでしょう。

大アルカナとは

物事の本筋である大アルカナ

　タロットといって一般的にまず思い浮かべられるのは、22枚の大アルカナでしょう。大アルカナはメジャーアルカナとも呼ばれ、〈愚者〉〈魔術師〉など固有の名称が与えられており、78枚の中でも特に重要な出来事を示します。絵柄には人物や自然など、概念的なものが描かれ、それらは非常に寓意性に富んでいます。これらは人間の普遍的なテーマを表し、集合的無意識から生じる元型（心理学者ユングが無意識にあると仮定した、人類に普遍的な心の動きの型）に通じるものと考えられ、我々がそこに神秘的な意味を見出してしまうのはごく自然なことと言えるでしょう。

　大アルカナ22枚のカードは、小アルカナと比べて強いテーマとメッセージ性を持っているため、フルデッキで占う際は特に大アルカナが出たところに注目する必要があります。平たく言えば、大アルカナのみを読んでいくだけでも十分にリーディングができ、逆に１枚も出なければ運命的な変化はないと考えられます。

　たとえば「相手は私のことをどう思っているか」という質問で大アルカナが出た場合、その良し悪しはさておき、あなたは相手に何かしら「思われている、印象的である」ということを示します。反対に小アルカナしか出なかった場合は、特別な気持ちは抱かれていない、と考えることができるのです。

「愚者の旅」という考え方

　0から21の番号が振られた大アルカナの解釈として、一般的に用いられるのが、<u>現代タロットの母と呼ばれたイーデン・グレイ</u>が提唱した「愚者の旅」という考え方です。大アルカナは、純粋無垢で未熟な〈愚者〉が旅を始め、1から順に経験を積み、技術や知恵を身につけ〈魔術師〉〈女司祭〉となり、いくつかのステージを経て発展していく、「愚者の成長の物語」であるとする説です。最終的には、何者でもなかった〈愚者〉の精神性が成熟し、完成された〈世界〉へ至ります。

※Eden Gray, (1901年6月9日 – 1999年1月14日)『皆伝タロット』253ページ「エピローグ　愚者の旅」イーデン・グレイ (著), 星 みわーる (翻訳), 郁朋社

大アルカナの世界観

　大アルカナの舞台は、「地上界」「中間」「天上界」の３つの階層に分けられ、さらにその中で６層に分けることができます。これらは明確な境界があるわけではなく、下にいくほど「地上界」に近く、上にいくほど「天上界」に近づきます。

◆ ６層目〈恋人〉〈星〉〈月〉〈太陽〉〈審判〉〈世界〉

人智の及ばない神聖なもの、神々の世界を意味する。

◆ ５層目〈女司祭〉

神秘性や潜在意識を司り、巫女のように神に仕え神事を行う。３層目の〈司祭〉との違いは、〈司祭〉は神の言葉を人々に対して通訳する存在であるが、〈女司祭〉は俗世間とは一線を画しあくまでも神のほうを向いていること。

◆ ４層目〈運命の車輪〉〈節制〉

中間層でありながら、天上界により近い場所に位置する。〈運命の車輪〉は神の世界と人間の世界の中間地点を表し、〈節制〉は神と人間界とをつなぐ“アイリス”という女神を表す。

◆ ３層目〈司祭〉〈隠者〉〈吊るされた男〉

〈司祭〉は宗教を象徴し、神の声を人々に伝えるという意味で〈女帝〉〈皇帝〉より高い位置にいる。〈隠者〉〈吊るされた男〉は達観した者を示す。

◆ ２層目〈女帝〉〈皇帝〉〈正義〉

権力を持ち、国を統治する者である〈女帝〉〈皇帝〉と、平民たちのルールとなる法律を作り、裁きを与える〈正義〉が並ぶ。

◆ １層目〈愚者〉〈魔術師〉〈力〉〈戦車〉〈悪魔〉〈死〉〈塔〉

いわゆる平民であり、日常的な場面を意味する。

　天上界に近いカードが出た場合は、自力ではどうにもならないことを表します。天上界では人智が及ばないため、運命を受け入れるしかないからです。反対に、地上界に近いカードが出た場合は、まだ運命を手繰り寄せる余地があると考えます。

　ただ、カードのどこに視点をおくかによって配置は入れ替わることもあります。たとえば〈塔〉は1層目にありますが、それは落雷を受けた塔に視点をおいた場合。雷を落とす天のほうに視点をおけば、天上界に位置すると考えることもできます。

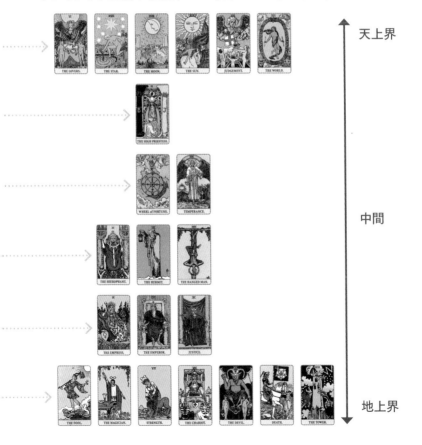

天上界

中間

地上界

大アルカナの
ナンバーと年齢

　私は「愚者の旅」の考え方を基に、大アルカナのナンバーを年齢として解釈できると考えます。カードを人の成長過程に当てはめることで、大アルカナの全体像を把握しやすくなるのです。

　以下は各年齢の成長段階とタロット的な意味合いを大まかに結びつけた解釈であり、必ずしも実際の人の成長過程と一致するものではありません。ただし、カードのイメージをふくらませ、段階的に解釈するうえで役立てることができるでしょう。

　また、適応するナンバーがない22歳以降も、0に戻って〈愚者〉から当てはめます。たとえば22歳なら、社会人として新しくゼロからのスタートを踏み出すとして〈愚者〉に当てはまります。

番号	カード名	年齢	各年齢の特徴	成長段階
0	愚者	0歳	この世に誕生する。まだ何も持たず、まっさらで無限の可能性を秘めている。	誕生から幼児期までを示す。誕生した時の「ヒト」の状態から、他者との触れ合いを経て「人間」へと成長する。
1	魔術師	1歳	他者の存在を認識する。親の気を引くために、アクションを起こすようになる。	
2	女司祭	2歳	自我が芽生える。自分の本能に従い行動し、周囲の声を聞き入れない。	
3	女帝	3歳	他者との違いがわかるようになり、他者へ優しさを与えられるようになる。	
4	皇帝	4歳	自発性が強くなり、行動力も増す。負けず嫌いな面や独占欲も出てくる。	
5	司祭	5歳	道徳観を学び始める。挨拶など社会的なルールに対応できるようになる。	

6	恋人	6歳	小学校入学の時期。同じ精神性の仲間を見つける。知恵を身につける。	小学校入学から高学年の時期を示す。社会性を学び、自分や物事を対象化して見ることができるようになる。
7	戦車	7歳	自己の立場を理解し、アイデンティティが確立される。自分の道を進んでいく。	
8	力	8歳	体力がつき、様々なものへの興味関心が旺盛に。何事も恐れずに挑戦する。	
9	隠者	9歳	自分を客観的に判断できるようになり（いわゆる「9歳の壁」）、内省する。	
10	運命の車輪	10歳	成人へと近づく10年の節目。ある種のターニングポイントを迎える。	
11	正義	11歳	理性を身につけ公平性を学ぶ。ルールを遵守する正しさや倫理観を学んでいく。	
12	吊るされた男	12歳	社会的な精神が発達し、思春期における満たされない心を持つも忍耐する。	中学校入学～高校入学頃の思春期の多感な時期を示す。自己愛の高まりと挫折を繰り返しながら成長する。
13	死	13歳	いわゆる「中二病」の時期。自己愛が高まり、挫折と共に精神的な死を体験する。	
14	節制	14歳	13歳で一度「死」を迎えたことで立て直す。周囲との交流に強い意味を見出す。	
15	悪魔	15歳	反抗心が芽生え、倫理に反する行動をとることも。性意識も高まり、本能的。	
16	塔	16歳	高校入学の時期。社会の広さを知ることになり、再び挫折を味わい心が折れる。	
17	星	17歳	希望や自分の理想を見つける。夢を抱くものの、それらはまだ具現化されていない。	高校～大学期を示す。成人を迎え、世界が広がることで将来に向き合い、希望や不安を抱きつつ、大人へと精神的成長を遂げる転換期。
18	月	18歳	高校卒業、成人を迎える。理想だけでは進めないことに気づき、不安を抱える。	
19	太陽	19歳	就職や大学入学の時期。新たな希望を抱き、先を見据えて進もうとする。	
20	審判	20歳	20年の節目を迎える。過去を振り返り再生する。転換点で新たに生まれ変わる。	
21	世界	21歳	自分の世界がようやく完成する。これまでの経験もあり、一定の達成を得る。	

⟨ 0 ⟩
愚者
THE FOOL

テーマ

自由

~ ストーリー ~
あらゆるしがらみに
囚われず豊かな精神性で
自由を謳歌する

THE FOOL.

キーワード

自由、どこにも属さない、始まり、新たな道、冒険精神、好奇心旺盛、純粋な心、夢想家、リスクをいとわない、無責任、無計画

占星術の対応／空気

▶マルセイユ版

LE·MAT

　軽やかな足取りで、自由気ままに旅を楽しむ若者。彼は怖いもの知らずの夢想家で、足元の崖には目もくれず、希望を夢見るかのように大きく天を仰いでいます。愚者は純粋無垢なタロットの精霊であり、朝顔柄の衣服は彼が聖人であることを象徴しています。元来の愚者は宮廷道化師のことを指していましたが、現代では社会のシステムから逸脱した異端の存在を示します。〈愚者〉のカードは、何にも属さず何者にも縛られない自由を象徴し、先が見えないゆえに無限の可能性を秘めていることを表します。危険を省みない不安定な面もありますが、楽観的で精神的には充実しています。

ポジティブ解釈

社会のしがらみ、お金や時間といった制約から逃れ、何にも囚われずに自由を謳歌できます。好奇心旺盛でチャレンジ精神に満ち、実際の状況にかかわらず前向きなため、細かいことを気にせず幸福感を得られるでしょう。周囲の価値観に左右されることなく自由を求め、何かに属することを選びません。今抱えている問題がある場合は、その対象から離れること、対処しないことを意味します。

ネガティブ解釈

社会や組織になじめず、周囲と足並みを揃えるべき環境や同調圧力が働く社会では居心地の悪さを感じるでしょう。現実から目を背けて自由に伴う責任を果たさない場合は、いい加減さやルーズさが露呈します。居場所がなく孤独を感じたり、先の見えない未来に対して不安に苛まれたりすることも。リスクをいとわない無計画な行動から、思わぬ失敗を招くこともあるため注意が必要です。

0

愚者

ワンオラクルジャンル別キーワード

	恋愛	仕事	お金	対人	その他
正位置	型にはまらない関係、自由恋愛、恋愛呪縛からの解放、思い切ったアタック	仕事のスタート、やりたい仕事、独立、フリーランス、挑戦、努力次第で成功	投資への挑戦、お金のしがらみからの解放、金銭以外での豊かさ	1人を謳歌、個性の尊重、人間関係からの解放、人の価値観に左右されない	自由奔放、マイペース、手放す、器用、精神的な豊かさ、意に介さない
逆位置	無責任な関係、先のない恋愛、軽視、恋愛モードではない、玉砕覚悟、離別	責任逃れ、就職先が決まらない、逃避、締め切りを破る、まとまらない	無計画な投資、支払いの延長、その日暮らし、一文無し、お金が貯まらない	孤立、居場所がない、無視、なじめない、居心地が悪い、足並みが揃わない	はみ出し者、社会不適合、コミュニティから追い出される、器用貧乏

ワンオラクルヒント

ADVICE アドバイス	心の赴くままに。問題からは離れて	COLOR カラー	メタリックカラー
ITEM アイテム	パソコン、エレキギター	FOOD フード	健康食品、宇宙食

賢龍's point 　愚者はその字の通り「愚かな者」と思われがちですが、器用で世渡り上手でもあり、何にも縛られない自由さで周りから憧れられる存在です。実際の私の鑑定では、転職やダラダラお付き合いしている相手との関係に悩んでいる方を占う時に〈愚者〉がよく出ます。「会社に引き止められて辞められない」「別れたいけど情がある」といった方には、「ご自身の意思を尊重してその場から離れましょう」とアドバイスしています。

THE MAGICIAN.

＜ I ＞
魔術師
THE MAGICIAN

テーマ

アクション

~ ストーリー ~

道具と技術を駆使し、
準備万端で
アクションを起こす

ワンド（こん棒・杖）を握る右手を
天に掲げ、左手で地上を指差す魔術
師。卓上に並ぶのは、この世界を構成
する四元素（火・空気・水・地）を示
すこん棒・剣・聖杯・五芒星です。彼
はそれらを操るたしかな技術力と実行
力を兼ね備え、今にも新たなものを創
造しようとしています。頭上に浮かぶ
メビウスの輪は、彼が持つ無限の可能
性の象徴です。〈魔術師〉のカードは、
必要なものがすべて揃い、準備が完了
した状況であることを表します。また、
魔術師のルーツはトリックを仕掛ける
手品師であることから、相手の注意を
引き、誘導・コントロールするという
意味もあります。

キーワード

アクション、パフォーマンス、
コミュニケーション、コント
ロール、積極性、想像力、意
思決定、情報、伝達、告知、
道具や技術を使う、管理

占星術の対応／水星

▶マルセイユ版

LE·BATELEUR

ポジティブ解釈

　道具や情報を巧みに扱ってアクションを起こし、周囲に対してメッセージを伝えます。器用で技術力があるため、人を惹きつける魅力を備えています。状況としては準備がすでに整っている段階のため、何かを始めるタイミングとも言えるでしょう。行動する意欲と意思があり、対象を思うように動かす力を持っています。問題に対して積極的にイニシアチブを握ることで事態が好転します。

ネガティブ解釈

　ごまかしや詐欺によって周囲の目を欺き、利益を得ようとします。また悪意がなくとも行動が裏目に出る、情報が悪いように伝わるといった、人との交流の中で意思疎通のミスも起こりやすい時です。そのため相手からは警戒され、距離をおかれてしまうこともあるでしょう。自分をよく見せようととり繕っても疑われてしまいがちなので、コミュニケーションに注意する必要があります。

I
魔術師

ワンオラクルジャンル別キーワード

	恋愛	仕事	お金	対人	その他
正位置	リードする、準備が整う、アピールする、人を惹きつける、告白、魅力的	円滑に進行、準備万端、情報を利用する、プレゼン、技術職、スキル	資金が貯まる、十分な貯蓄、株の運用、計画的なお金の管理	主導権を握る、円滑なコミュニケーション、口八丁手八丁、相手をほめる	ポーカーフェイス、臨機応変、イニシアチブを握る、管理
逆位置	支配される、利用される、用意周到、誇示する、悪目立ち、結婚詐欺	裏目に出る、誤算、ごまかす、情報が漏れる、自分の利益しか考えない	利己的、自分の思い通りにお金を管理したがる、自転車操業	支配される、口車に乗せられる、計算高い、コミュニケーション不足、お世辞	とり繕う、詐欺、行き違い、浅知恵、言動不一致

ワンオラクルヒント

ADVICE アドバイス	準備はできています。行動を起こすなら今	COLOR カラー	ライトブルー
ITEM アイテム	オルゴール、手帳、通信機器	FOOD フード	スムージー、駅弁、携行食

賢龍's point　〈魔術師〉にはコントロールという解釈がありますが、一概にそれを良い、悪いとは言えません。「恋人との関係において私はどうしたらいい？」という質問で〈魔術師〉が出た場合は「あなたが主導権を握って」と解釈できますが、「相手は私をどう思っている？」という質問で出た場合、「あなたを意のままにしようとしている」「準備が整いプロポーズしようとしている」とも解釈できます。質問によって柔軟に解釈しましょう。

THE HIGH PRIESTESS.

占星術の対応／月

▶マルセイユ版

LA PAPESSE.

《 II 》
女司祭
THE HIGH PRIESTESS

テーマ

直感

～ ストーリー ～

高い危機管理能力を持ち
自らの信条を貫き通す

　黒と白の柱の間で、正面を向いてひっそりと腰掛ける女司祭。「TORA」と書かれた巻物は旧約聖書であり、彼女が神の世界の入り口に鎮座する巫女のような存在であることを表しています。彼女は研ぎ澄まされた鋭い直感と判断力があり、神の教えのみを重んじます。周囲に左右されることなく自分の考えを持ち、自分自身の中に答えがあるため迷いがありません。そのため、周囲を寄せつけずに独りよがりと思われるところもありますが、自身の進むべき道を冷静に見極める能力があります。〈女司祭〉のカードが象徴するのは、女性が本来持っている第六感や潜在的な危機意識です。

ポジティブ解釈

自分自身の考えに確信を持って行動することができます。他者の声や価値基準に左右されず、アドバイスや助けを必要としません。鋭い勘や危機管理能力を持つため、自分を守るために最適な判断が可能です。何よりも自身の精神性を大切にするので、物質やお金に囚われることもなく、苦手な人間関係にも属しません。今抱えている問題がある場合は、すでに自分の中に答えがあることを示します。

ネガティブ解釈

プライドが高く自分自身が正しいと思い込んでいるため、何事も自己完結してしまいがち。他者から親切なアドバイスをもらっても聞き入れなかったり、逆に自分のルールを他人に押しつけようとしたりして周囲との間に大きな溝ができることも。独りよがりで協調性に欠ける面があるので、自分の考えに自信があるからといって、他者への配慮を失った行動をとらないように気をつけましょう。

～ ワンオラクルジャンル別キーワード ～

	恋愛	仕事	お金	対人	その他
正位置	プラトニックな恋、献身的に尽くす、忠実、純真無垢	お金を管理する経理、秘書、スケジュール管理、資金計画	お金に関するルールを持つ、お金に囚われない、お金より大事なものがある	自立した関係、関わらない、人間関係からの解放、他人に左右されない	危機管理能力が高い、マイルールがある、芯が強い、独自の価値観を持つ
逆位置	恋愛モードではない、世話を焼きすぎる、お節介、相手に染まる	マイルールやルーティンが多い、他者にルールを押しつける、お局さん	お金に細かい、ケチ、他者に関与させない、財布の紐を締める	人の意見を聞かない、溝ができやすい、敬遠される	独りよがりな傾向が強い、自己完結している、否定的になる

II

女司祭

～ ワンオラクルヒント ～

ADVICE アドバイス	マイルールを大切に。自分の心の声を聞いて	COLOR カラー	銀、白
ITEM アイテム	本、日記	FOOD フード	エビ、カニ、キャベツ、レタス

賢龍's point

潔癖なイメージの女司祭ですが、恋愛をするとどうなるのでしょう。「恋愛なんて！」と斜に構えるかもしれませんし、プライドが高いために気持ちを打ち明けられないかもしれません。ただこれは、彼女の巻物が自分自身を示すものである場合。熱烈な恋に落ちると、相手そのものが信じるべき巻物になり、相手に染まりきってしまうことも。経験のない人が初めて恋をすると沼にはまってしまう……なんて話と同じですね。

THE EMPRESS.

女帝
THE EMPRESS

テーマ

グレートマザー

~ ストーリー ~

豊かさと安定を象徴し、
健やかな成長を見守る

　豊かな自然に囲まれて、悠々と腰掛ける女帝。彼女が身につけるワンピースのザクロ柄は、女性性や実り、豊穣の象徴です。ハート型の盾には愛や喜び、豊かさを象徴する金星のマークが描かれ、足元の麦、そばを流れる川は豊かさを表しています。〈女帝〉は、精神的にも物質的にも満たされた状態を表すカードです。元は権威や自然の支配者を示すカードでしたが、ウェイト＝スミス版からは豊かさを象徴する、自然の守護神のようなイメージへと変化しました。成長を見守る母のようなイメージがありますが、過剰になると束縛や重い愛、尽くしすぎて相手を駄目にしてしまう場合も。

キーワード

成長、成功、繁栄、多産、豊かさ、生産性、母性像、女性原理、グレートマザー（地母神）、受動的、安定、安楽、ラグジュアリー

占星術の対応／金星

▶マルセイユ版

ポジティブ解釈

安定した豊かさが確保され、満ち足りた状態です。その豊かさは枯れゆくものではなく、今後のさらなる繁栄も約束されています。これは積み重ねてきた努力が実り、成功が期待できる時。自分自身が満足な状態にあるので、他者にも優しく接し、相手に喜びをもたらすことができるでしょう。富や名声を独り占めせず、周りに分け与えることができるので、好循環のサイクルを生み出します。

ネガティブ解釈

愛が過剰になると、すべてを支配し、相手の自立心を奪いとる存在になりかねません。尽くしすぎて相手を堕落させたり、重い愛で束縛してしまったりして、相手を苦しめてしまうこともあれば、共依存関係に陥る場合もあるでしょう。安定した豊かさは、贅沢三昧に浸る危険性もはらんでいます。愛を注げる相手の存在と恵まれた環境に感謝をしつつ、謙虚で慎ましい態度を心がけて。

Ⅲ
女帝

ワンオラクルジャンル別キーワード

	恋愛	仕事	お金	対人	その他
正位置	忠実に寄り添う、母のような愛を与える、庇護欲をかき立てられる	会社に利益をもたらす、出世する、大きな成功を掴む、土地開発	豊かになる、繁栄がもたらされる、生活が潤い安定する	社交上手、相手に喜びをもたらす、社交の場で注目を浴びる	母のような人、華美なファッション、喜びが循環する
逆位置	過剰に尽くす、すべてを与えすぎる、重い愛、愛情の押しつけ	経費の管理に苦労する、接待が増える、予算内に収めることができない	浪費する、贅沢三昧、無駄遣い、衝動買いをしてしまう	横柄な態度、わがまま、物質的なつながり、過干渉、依存関係	支配的、依存心が強い、マザコン、快楽主義、浮世離れ

ワンオラクルヒント

ADVICE アドバイス	自分にご褒美を。贅沢な気分に浸って	COLOR カラー	オレンジ、青緑
ITEM アイテム	化粧品、クッション、レースの飾りもの	FOOD フード	イチゴ・ラズベリーなどベリー類

賢龍's point

女司祭が天の女神であるとするならば、女帝は地の女神と呼ぶことができるでしょう。女司祭は精神的世界の住人ですが、女帝はより物質的な世界に身をおき、ステージが切り替わっています。恋愛関係の質問で、相手を表す場所に〈女帝〉が出た場合、その相手は「マザコンの可能性が高い」と解釈することも。また、家族との関係を占う場合でも、ネガティブにとると「過保護な親」という解釈もできます。

THE EMPEROR.

〜 ストーリー 〜

圧倒的な統率力を持って
力と成功をものにする

　夕焼けと険しい岩山を背景に鎮座する皇帝。右手のアンク（エジプト十字）、左手の宝珠は支配者の象徴で、彼が政治的な実権力を握っていることを表します。民衆とはかけ離れた存在であるからか、どことなく孤立感が漂うようにも見えるでしょう。〈女帝〉が横のつながりを表すとすれば、対となる〈皇帝〉が表すのは縦のつながりです。皇帝は自ら前線で戦うことはなく、家来や軍を指揮し、統率することで勝利に導く執行者なのです。現代にたとえれば仕事のできる頼もしい経営者のような存在ですが、その権威が裏目に出ると、支配欲や独占欲の強い人物になり、強引さが顕著になる可能性も。

キーワード

勝利、達成、克服、成功、安定、権威、支配、掌握、行動力、統率力、現実的、世俗的、男性原理

占星術の対応／牡羊座

▶マルセイユ版

ポジティブ解釈

　権威を手にし、勝利を収めることができるでしょう。体力勝負や運任せの勝利ではなく、あなた自身の実力に裏打ちされた成功です。トップに立って周りを引っ張ったり、自ら指揮をとったりして何かを始める機会がもたらされるかもしれません。パワーにあふれているので、臆せず挑戦して大丈夫。仮にうまくいかなくても、今のあなたは次の行動につなげるバイタリティがあふれています。

ネガティブ解釈

　精神面では自信があっても、十分な実力が伴わず空回りしてしまうかもしれません。また上下関係に厳しく、相手への態度が支配的になりがち。仕事ではいわゆるワンマンタイプで、自分の地位を守るためには手段を選ばない強引さで周囲から距離をおかれそう。力を見せつけようと相手を下に見たり束縛したりすると、人間関係にトラブルを招くことになりかねません。対等な関係を築く心がけを。

IV｜皇帝

ワンオラクルジャンル別キーワード

	恋愛	仕事	お金	対人	その他
正位置	リードする、相手を守る、積極的に関係を発展させる、しっかりと話し合う	リーダーシップがある、警察・自衛隊、成功に導く、指導者、トップに立つ	欲しいものが手に入る、財力を得る、財産を増やす	仲間内のリーダーになる、先頭に立って皆をまとめる、交流の輪を広げる	行動を起こす、勝負どころがわかる、達成感を味わう、権威や影響力を持つ
逆位置	独占欲が強い、束縛しやすい、相手を支配しようとする	ワンマン経営、上下関係に厳しい、強引な手段で取引を行う	強引に利益を得る、財力を過信している、見積もりが甘い、痛い目に遭う	威圧的な態度、相手の気持ちを読みとれない、厳しい上下関係	自意識過剰、自分を過信している、実力不足、孤立する、二面性がある

ワンオラクルヒント

ADVICE アドバイス	自分の実力を知って。己を過信しないこと	COLOR カラー	赤
ITEM アイテム	ナイフ、鉄製のもの、帽子	FOOD フード	唐辛子、こしょう、マスタード、カレー

賢龍's point　圧倒的な統率力や支配力は、状況に応じてプラスにもマイナスにも働く二面性があることを表すカードです。お金について占った時に〈皇帝〉が出た場合は、金銭面の心配はないと言えるでしょう。ただ、大きな買い物をしたい時に〈皇帝〉の逆位置が出たら、後から困ったことになる可能性が。予想外の出費が重なって、返せるはずだったローンを返し切れなくなるなんてことも。自分の経済力を過信しないように注意を。

THE HIEROPHANT.

〜 ストーリー 〜

祝福のサインを掲げ、
慈しみ深く他者を導く

右手に祝福を示すサインを掲げ、2人の修道士に教えを説く司祭。頭には三重冠を、左手には三重の十字を持ちます。これは天界・精神世界・物質世界といった、司祭が司る3つの世界の象徴です。〈司祭〉が表すのは信仰心と道徳心であり、2人の修道士は、モラルや規則の学習を意味しています。また、3人の立ち位置が示すのは上下関係です。人間界のヒエラルキーで言うと司祭は皇帝よりも上の地位に位置しますが、それは決して支配的ではなく、慈悲深く道徳的な姿勢を持ちます。中世、教会は国家と結びついていたため、〈司祭〉のカードは「役所」の意味もあわせ持っています。

キーワード

信仰心、慈悲深さ、奉仕、倫理感、道徳感、モラル、規則、保守、秩序の維持、学習、教え、導き、家族、結婚、包容力、上下関係、宗教、役所

占星術の対応／牡牛座

▶マルセイユ版

LE PAPE.

ポジティブ解釈

教え導く司祭とその周りに集まる人々は、志を共にする人たちのコミュニティです。このカードが出た場合には、周囲から強力な援助を得ることができるでしょう。教え導く立場であっても、教えを守る立場であっても、どちらもまじめで誠実な人物です。規則にも忠実で、常識的な振る舞いをするでしょう。恋愛でも仕事でも、人のために動くことを喜びと捉え、使命をまっとうします。

ネガティブ解釈

志や価値観を共にした心強い仲間がいる一方、少しでもその派閥から離れたり、意に反したことをしたりすると、排他されてしまう恐れが。また、徹底した倫理観や道徳観を悪用される可能性も。時には規則に忠実すぎるあまり、面白みのない人物と見られることもあるかもしれません。教えを守ることも大切ですが、時には自分の思いや考えを怖がらずに打ち出すことも大切です。

ワンオラクルジャンル別キーワード

V
司祭

	恋愛	仕事	お金	対人	その他
正位置	信頼し合う、結婚に向かう、王道の恋愛、誠実な相手	人材育成、教え導く、宗教家、教師、新人教育、人のために働く、理想の上司	お金への執着心を捨てる、お金より価値のあるものを見出す	同じ価値観の人とつながる、密なコミュニケーション、ネットワークを広げる	共感力が高い、強い倫理観を持つ、落ち着いている、穏やかな人
逆位置	マンネリ化する、刺激不足、面白みがない、形にこだわる恋愛	労働力や資産の搾取、取引の好機を逃す、組織のために働きすぎる、疲弊する	使うべきところで使えない、使いどころを間違う、思いがけない散財をする	排他的、仲間意識が強すぎる、派閥問題が起こる、よそ者扱い	優柔不断、チャンスを逃す、ケチ、保守的、モラルに厳しい

ワンオラクルヒント

ADVICE アドバイス	自分にとって大切な人を信じましょう	COLOR カラー	銅、ライトグリーン
ITEM アイテム	財布、アクセサリー、観葉植物	FOOD フード	チーズ、アーティチョーク、ブドウ

賢龍's point　〈女帝〉も〈司祭〉と同様、人を育てる意味を持ちますが、〈女帝〉は字義通り「養育」という意味合いが強く、〈司祭〉には教え導き人を育てるという意味があります。とはいえ、〈司祭〉は広く学術的な学びを教える大学教授のようなイメージではなく、あくまでも倫理やルールを教えるといった、義務教育の先生のイメージです。規律やモラルを徹底し、やや保守的な傾向にあるため、その教育が必ずしも正しいとは言えません。

恋人

THE LOVERS

テーマ
純潔・純真・無邪気

～ ストーリー ～

**感性が一致する者同士の
精神的な愛のつながり**

キーワード

純潔、純真、無邪気、青春期、人間愛、処女性、交際、ロマンス、感覚的な楽しさ、開放感、感性の一致、オープンマインド

占星術の対応／双子座

▶マルセイユ版

　無防備な姿で大天使の前に並ぶ男女は、アダムとエバです。エバの背後にある赤い実のなる木には、知恵を象徴する蛇が巻きついています。人間愛を象徴するカードであり、感性が一致した相手との心の結びつきや、感覚的な楽しさ、肉体的ではなく精神性の高い愛を表しています。このカードは旧約聖書のエデンの東の物語がモチーフになっており、2人が禁断の果実を口にして楽園を追放される前の場面が描かれています。一方マルセイユ版は、善い行いと悪い行いを表す2人の女性の間で男性の心が揺れている場面が描かれ、キューピッドは今にも片方の女性を矢で射ようとしています。

ポジティブ解釈

感受性豊かで純真な人間愛にあふれ、愛情深い人物を表します。コミュニケーション能力にも長けているため、高い志を共にできる他者と、同じ目線で語り合える関係を結べるでしょう。娯楽や遊びが好きな一面はありますが、開放感を得る楽しみに興じられます。純粋で裏表や嘘がなく、問題に対しても正面から向き合い、解決に向かってまっすぐに進んでいくことができそうです。

ネガティブ解釈

社会的な規範や制約を気にする様子もなく、幼く子どもじみています。いわゆる思春期特有の無邪気さや若気の至りといった具合に、若いうちしか許されない振る舞いが顕著に。いつまでもそのままではいられませんから、現実を見据え、志を高くして意識を変えましょう。ぬるま湯に浸かるように、進歩のない現状や惰性的な関係に甘んじている場合や、八方美人に見られている可能性も。

VI
恋人

◇ ワンオラクルジャンル別キーワード ◇

	恋愛	仕事	お金	対人	その他
正位置	精神的な結びつきを得る、フィーリングが合う、お似合いのカップル、純真な愛	意思疎通をはかる、マスメディア、バラエティ、創造性を発揮、求めていた職場	お金の心配がなくなる、お金に困らない、楽しいことにお金を使う	価値観の一致、一緒に楽しむ、気のおけない仲間、高いレベルの集まり	人間愛にあふれた人、コミュニケーション上手、倫理観、情報開示
逆位置	惰性的な付き合い、快楽主義に陥る、浅はかなつながり	仕事に身が入らない、無茶をする、浅い考え、馴れ合いになる	情報を得るためにお金を費やす、お金に糸目をつけない、娯楽費がかさむ	一緒に堕落する、軽い考えの友達付き合い、なあなあの関係、傷のなめ合い	向こう見ずに突っ走る、無鉄砲、先行き不透明、悪しき習慣、若気の至り

◇ ワンオラクルヒント ◇

ADVICE アドバイス	論理的思考より、フィーリングを大切に	COLOR カラー	レモンイエロー、水色、鴬色
ITEM アイテム	雑誌、ポストカード、自転車	FOOD フード	ナッツ・豆類、ミント、ハンバーガー

賢龍's point

同じ構図で愛を表すカードでも、〈恋人〉と〈悪魔〉では意味合いが大きく異なります。〈恋人〉の精神的な愛に対して、〈悪魔〉は物理的、肉体的な愛情。そのため倫理からはずれた行為にもなりかねませんが、〈恋人〉にはその心配はありません。また、〈恋人〉は〈魔術師〉同様、情報伝達を表す側面もあります。ただ、〈魔術師〉は情報操作をすることはあっても〈恋人〉にそれはなく、真実を伝えることに特化しています。

THE CHARIOT.

戦車

THE CHARIOT

テーマ

勝利・成功

～ ストーリー ～

勢いに乗って勝利を手にし
凱旋する若き軍人

正面をまっすぐに見据え戦車に乗る、勝利を手にした若き軍人の姿が描かれています。彼は敵を倒して広大な土地を獲得し、国に戻って凱旋しているのです。この絵のモデルは、古代ローマの軍人、ジュリアス・シーザーであると言われています。今まさに勝利をあげてきたという、勢いに乗っている状態を表すカードです。戦車を引く2頭のスフィンクスは智天使を表します。〈戦車〉は、このスフィンクスをコントロールする意志や力に注目されることが多いですが、このカードが何より象徴するのは「勝利」です。勝利者の波に乗った気持ちや、精神的な勢いが一番の解釈ポイントになります。

キーワード

勝利、成功、アクティブ、勢い、行動力、衝動性、アイデンティティの確立、意志の力による獲得、勝ち気、自己の道を行く

占星術の対応／蟹座

▶ マルセイユ版

ポジティブ解釈

今まさに勝利を手にしてきたという、絶好調の精神状態です。すべてが調子よく、今とり組んでいることを成功させたり、強気な気持ちで次の行動を起こしたりできるでしょう。何かやりたいことがある場合には、気持ちが乗っている今こそ挑戦する絶好のタイミング。ただし、凱旋パレードはスピーディではなくゆっくり動いていくもの。精神的な勢いはそのまま、焦らずに進んでいきましょう。

ネガティブ解釈

精神的な勢いはありますが、その分気持ちがやや急いている様子。先走ってしまったり、地に足がついておらず足元をすくわれたりすることも。強気な気持ちは大切ですが、過剰になると「この世で一番強いのは私！」と、横暴で独りよがりなメンタルになりそうです。調子がいいからといって自意識過剰になっていると、隙を突かれたり思いがけない失敗をしたりするかもしれないので注意して。

VII
戦車

ワンオラクルジャンル別キーワード

	恋愛	仕事	お金	対人	その他
正位置	スピーディに進展する、勢いのある恋愛、最高の盛りあがりを見せる	スポーツ選手、投資家、大成功を収める、とんとん拍子に仕事が進む	十分な報酬を得る、お金を手にするチャンスに恵まれる	積極的な交流、チームの指揮をとる、周囲を鼓舞する、アクティビティ	絶好調、勝利を手にする、精神的な強さを持つ、波に乗る、バイタリティがある
逆位置	グイグイいきすぎて引かれる、主観的な恋愛観に偏る、周りが見えない	ワンマンになりやすい、準備不足、気持ちだけ先走る、実力を過信している	調子に乗って使いすぎる、大盤振る舞いして損をする、足元をすくわれる	強気な態度で孤立する、衝突、気が早い、人がついてこない	向こう見ず、無鉄砲、若気の至りのようなミス、短絡的

ワンオラクルヒント

ADVICE アドバイス	日々の小さな成功を積み重ねていきましょう	COLOR カラー	乳白色、銀
ITEM アイテム	エプロン、ポット、日記、アルバム	FOOD フード	アスパラガス、キャベツ、レタス

賢龍's point　〈戦車〉と同じく勝利を手にしているカードには、〈皇帝〉があげられます。この2枚の違いは、勝利の質にあります。〈皇帝〉が示す勝利は、長年築きあげてきたものが土台になり、確実で安定した勝利です。一方、〈戦車〉は今まさに勝ってきたばかり。そして、間もなく次の戦いに出ようとしていて、戦いは継続していくでしょう。勝利を収めていることは同じ2枚ですが、そのメンタリティや安定感には差があります。

STRENGTH.

キーワード

不屈の精神、自制心、強い意志、忍耐、根気、克服、持久力、勇気、自尊心、受容、寛大、汚れなき清らかさ、信仰による真の強さ

占星術の対応／獅子座

▶マルセイユ版

〜 ストーリー 〜

荒ぶる獣をもなだめる
清く気高い精神力

　白いドレスを着た優美な女性が、自分より遥かに力の強いライオンを猫のように手なずける様子が描かれています。このカードが表す力とは、肉体的なものではなく、内なる精神力のこと。彼女は不屈の精神性と強靭な忍耐を持って、獰猛（どうもう）なライオンを制しているのです。ライオンが象徴するのは、無意識の中にある本能や欲望。それらをなだめて飼い慣らす姿は、自制心を働かせて自己の欲望を押さえつける忍耐力や、根気強く自らの本能と向き合うことを表しています。頭上に浮かぶメビウスの輪は、彼女の懐の深さの表れ。汚れなき精神力や、我慢強くすべてを受容する寛大さを象徴するカードです。

ポジティブ解釈

　今頼りになるのは権力や腕力ではなく、自分自身の精神力です。うまくいかない状況におかれているとしても、不屈の精神で耐え抜くことができるでしょう。そんな忍耐力や持久力も持ち合わせている状態なので、前向きな気持ちで状況を打開することができそうです。人間関係においては大人の対応が功を奏するでしょう。努力や我慢が報われ、結果的にいい方向へと導かれそうです。

ネガティブ解釈

　無理をして自分を抑え込み、ストレスを抱えている可能性が高そうです。頑張り抜こうとする精神が祟って、どこかにガタがくるかもしれません。その我慢や忍耐は報われず、無駄な努力となってしまう恐れも。もしくは自分では気がつかないうちに、我慢を重ねている場合もあるでしょう。無理をし続けると状況は悪くなる一方ですから、現在抱えている負担の見直しや、向き合い方を考えて。

ワンオラクルジャンル別キーワード

VIII
力

	恋愛	仕事	お金	対人	その他
正位置	意中の相手を掌中に収める、精神的に深くつながった相手	忍耐力で仕事をこなす、粘り勝ちする、介護や医療職、保育職	貯蓄を増やす、無駄遣いを減らし節約できる、無理のない節制	グループのメンバーをとりまとめる、信頼される、人望が厚い	努力家、自分でも気づかなかった努力や我慢、高い人間性・精神性
逆位置	相手への不満をため込む、自分を押さえる、我慢を強いられる	重労働、身を削って働く、我慢を強いられる、根性論で無理をする	お金をコントロールされる、極端な節約をして身体を壊す	周囲の人をコントロールしがち、尊大な態度をとる	栄養失調、欲求不満、無駄な頑張り、徒労に終わる

ワンオラクルヒント

ADVICE アドバイス	あなたのその思いは無駄にはなりません	COLOR カラー	黄色、オレンジ
ITEM アイテム	ノフンド品、ハイヒール、高級なコスメ	FOOD フード	はちみつ、米、トロピカルフルーツ

賢龍's point

　人間関係、特に恋愛について占う時に出ることが多い〈力〉。あなたは相手に対する何かしらの欲求を抱いているものの、それを表に出さないよう必死にコントロールしているのかもしれません。もしくはあなた自身が荒ぶる動物であって、相手があなたを手なずけようとしているのか、はたまたその逆の可能性も。実際のリーディングでは、女性とライオンを何に見立てて解釈するかが読み解きのポイントになります。

THE HERMIT.

キーワード

達観、内省、内観、自己探求、
瞑想、精神修行、学者、独り
の時間、孤独、時間、時

占星術の対応／乙女座

▶ マルセイユ版

<< IX >>

隠者
THE HERMIT

テーマ

達観・内省

～ ストーリー ～

俗世を離れ
自己を探求する
達観した哲学者

　灰色のローブをまとってうつむく老
人が、雪山の山頂で1人佇んでいます。
その手には六芒星が輝くランタンが掲
げられ、誰かを導こうとしているよう
にも見えます。彼は俗世との関わりを
好まず、孤独に自己探求へと身を投じ
る仙人のような存在です。彼がいる場
所が山頂なのは、すでに様々な経験を
積み重ね、悟りを開き達観した状態で
あるからです。年老いた隠者は1人静
かに自分自身の内面を見つめ、過去の
自分の行いを振り返りつつ、将来に思
いを馳せながら精神修行をしているの
でしょう。真実を求め熟考することの
大切さや、1人の時間が必要であるこ
とを説くカードです。

ポジティブ解釈

何か考えるべきことがあったり、対象に没頭したり、物事に深く向き合う状況、もしくはその必要性を示します。知的探求心に突き動かされる状況とも捉えられるので、考え事をするには絶好のタイミングと言えるでしょう。問題から目を背けなければ答えが見つかります。悩みがある場合は、自己内省を深めることが解決の糸口に。人を表す場合は、寡黙ではありますが思慮深く達観した人柄です。

ネガティブ解釈

視野が狭くなり、考えが凝り固まった状態です。周りの意見に耳を貸さずに突き進み、煙たがられているかもしれません。意固地になりがちなので、周りを見て柔軟に対応するように気をつけましょう。頑なに1つの方法や考え方に固執していると、大事なことを見逃してしまう可能性があります。時間をかけすぎて好機を逃してしまう恐れも。自分の殻から出て、外の世界を見る必要がありそう。

～ ワンオラクルジャンル別キーワード ～

IX

隠者

	恋愛	仕事	お金	対人	その他
正位置	2人の世界を探求する、お互いへの興味関心が高まる、相互理解をする	研究者・開発者、コツコツと作業する、知的探求心を活かす	お金よりも大事なことが見つかる、家計をうまくやりくりする、分をわきまえる	同じ価値観を持った人とつながる、居心地のいい関係性	知的探求心の高まり、将来について考える、達観、1人の時間を必要とする人
逆位置	自分自身のことに夢中で、恋愛に意識が向かない、距離をあける	自分の仕事にしか目がない、他者の意見を受け入れない	清貧、お金への興味を失う、経済観念がない、頓着しない	コミュニケーション不足、人付き合いに疲れる、人との関わりを断とうとする	禁欲的すぎる、浮世離れしている、孤立、視野が狭い

～ ワンオラクルヒント ～

ADVICE アドバイス	焦って結論を出さないで。じっくり考えて動くこと	COLOR カラー	オリーブグリーン、アースカラー
ITEM アイテム	アロマグッズ、手帳、ペンケース	FOOD フード	ニンジン、ポテト、中国茶

賢龍's point

〈隠者〉のカードが出た時は、良くも悪くも「考える」ことがテーマに。恋愛で「なかなか連絡が来ない」という場合は、相手は自己内省の時間を必要としていると考えられますが、「私のことをどう思っている？」という質問の場合は、相手はあなたのことをもっと知りたい、探究したいと思っていると解釈できることも。スピーディな進展は望めないカードですが、決してネガティブな意味ではないことを覚えておきましょう。

WHEEL of FORTUNE.

キーワード

運命の導き、転機のタイミング、ターニングポイント、物事の好転、思いがけない変化、循環性、流される

占星術の対応／木星

▶マルセイユ版

LA ROVE DE FORTVNE

≪ **X** ≫

運命の車輪

WHEEL of FORTUNE.

テーマ

運命の導き

〜 ストーリー 〜

永遠に回り続ける
抗うことのできない運命

　運命と人生の流転を表す、大きな車輪が回転しています。車輪の上には剣を携えたスフィンクス、右下にはエジプトのアヌビス神、左には蛇の姿をしたギリシャ神話のテュポン、四隅にはキリスト教の4つの生き物の姿をした智天使が描かれています。〈運命の車輪〉が説くのは、人生には良い時も悪い時もあり、それは神が決めることであるという世のことわりです。車輪の回転によって、上にいたものは下へ、下にいたものは上へと運は循環していきます。運命に身を委ねることの大切さを示すと共に、このカードが出たら、自分ではどうにもならない事象が起こることの暗示とも解釈できます。

ポジティブ解釈

　幸運のタイミングが来ています。行動をするなら今が好機と言えるでしょう。流れに身を任せることで、運が味方してくれるはず。つまく時機を掴んで、動くべき時とそうでない時を見極めることができそう。チャンスが舞い込んできたり、自然と引き立てを受けたり、とんとん拍子で幸運を実感するでしょう。人脈でも物でも実績でも、欲しいものがある場合は今こそ手に入れられるかも。

ネガティブ解釈

　勘がうまく働かず、好機を逸してしまいそう。今は運命の車輪が下降の段階にあるようです。「長いものには巻かれろ」の精神で、やや他力本願な傾向も。あるいは思い込みが強く、自分のタイミングが正しいと信じ込んでうまくいかない場合もあるでしょう。運命の流れは受け入れるしかないので、今はツキに見放されている時と受け入れて、無闇やたらに動かないほうがいいかもしれません。

～ ワンオラクルジャンル別キーワード ～

	恋愛	仕事	お金	対人	その他
正位置	順調な交際、告白するタイミング、流れに任せてOK	人を動かす仕事、人材派遣・転職エージェント、占い師、デイトレーダー	気になるものがあるなら買うタイミング、お金には困らない	うまくコミュニケーションをとれる、場の空気を読む、人の仲介役となる	人生に抗わない、自由に生きる、ありのままの自分をさらけ出す
逆位置	思い込みで交際を進める、相手の気持ちを勘繰って失敗、相手任せの恋愛	自己過信して失敗する、人の意見を聞き入れない、タイミングに恵まれない	お金の使いどころを間違える、買うタイミングを逃す	人たらし、八方美人、長いものに巻かれる、周囲の影響を受けやすい	場当たり的、状況に流されやすい、他力本願、間が悪い

X

運命の車輪

～ ワンオラクルヒント ～

ADVICE アドバイス	流れに逆らわず、あるがままの自分で	COLOR カラー	青、濃紺
ITEM アイテム	地球儀、砂時計、漢方	FOOD フード	ブドウ、ワイン、オリーブ

賢龍's point　大アルカナの中でも、〈運命の車輪〉はお守りとして持ち歩くのに特に適したカードです。このカード1枚の中に、様々な神々の力が描かれ、大変縁起がいいからです。運命が上昇の流れに乗れるように、チャンスが来た時に決して逃さないための願掛けになるはず。占星術でも木星が対応していますから、幸運カードと言えるでしょう。チャンスは平等にやってきますが、受けとるタイミングこそが重要です。

JUSTICE.

キーワード

公平、公正、常識、モラル、
正当性、法の下での正しさ、
法的な手続き、解決、感情を
抜きにした事例、契約、婚約

占星術の対応／天秤座

▶マルセイユ版

正義
JUSTICE

テーマ

公平・公正

〜 ストーリー 〜

公平な視点を持ち
判断を下す正義の女神

　聖域を表す２本の柱の間に腰掛け、
凛とした表情で正面を見据えるこの女
性は、正義の女神です。右手の剣は権
力を示し、左手に持つ天秤は善悪を測
るシンボルとして描かれています。こ
れらは古くから司法や裁判の公正さの
象徴とされてきました。ギリシャ神話
のテミスの擬人化である彼女は、公明
正大でシビアな目を持ち、法に従って
厳しく罪を断絶します。ただしこの正
義とは、普遍的な倫理や道徳観ではな
く、あくまでもその場の規範に基づく
正義であることを留意しておきましょ
う。国によって法律は異なるように、
何が正しく何が悪とみなされるかは、
コミュニティの規範が基になります。

ポジティブ解釈

　冷静な判断で、感情に流されず理にかなった判断ができるでしょう。恋愛においては感情的なたかぶりはないものの、条件面で求めるものに合致し、自分に見合った関係性を示します。法の下での正しさを象徴する〈正義〉は、約束や契約として読むこともできます。そのため結婚やいい契約が結べる暗示であることも。仕事においては、まじめに働けば正当な評価を受け、実績が必ずついてきます。

ネガティブ解釈

　規則や規範に縛られすぎている様子。身動きがとりにくく、窮屈な思いをしているかも。もしくは、周囲にそんな思いをさせている場合もあるでしょう。条件やルールのみでジャッジするため、愛や情熱がなく形骸化した虚しい結果が残ることも。対人においては釣り合いがとれない関係性にストレスを感じたり、仕事においては正当な評価を得られず、不満を抱いたりすることもありそうです。

XI｜正義

ワンオラクルジャンル別キーワード

	恋愛	仕事	お金	対人	その他
正位置	堅実な結婚、自分に見合った相手、バランスのいい関係	弁護士・裁判官など法に関すること全般、正当な評価を得る、実績重視	過不足のないお金を手にする、自分のために正しくお金を使える、お金で解決	釣り合いのとれた関係性、考え方や利害関係が一致する相手	地に足のついた判断、バランスがとれている、理にかなう
逆位置	感情抜きの交際、潔く別れの決断をする、相手を厳しく吟味する	堅く厳しい職場、情状酌量の余地がない、ルールに縛られる	見合った報酬を得られない、収入への不安・不満がたまる	立場の違うコミュニティで疲弊する、気を遣う相手	条件主義、形骸化している、結果がついてこない、縛られる

ワンオラクルヒント

ADVICE アドバイス	冷静に対象を見定めて判断しましょう	COLOR カラー	ピンク、ローズ
ITEM アイテム	香水、美術品、バイオリン	FOOD フード	シリアル、イチゴ、リンゴ

賢龍's point

　〈司祭〉が倫理や道徳観で判断するならば、〈正義〉は規範で判断するカード。正統性や公平さを基に決断を下します。感情を抜きにしたスタンスのため冷酷に映りがちですが、「上司は私をどう評価している？」という質問に対する答えであれば、「正当に評価している」と解釈できます。また、「別れるべきか？」という内容に対して出たのであれば、まずその話を壇上にあげるべき＝判断すべき時が来たと読むことも。

〈 XII 〉
吊るされた男
THE HANGED MAN

テーマ

保留

THE HANGED MAN.

キーワード

保留（ペンディング）、自己犠牲、忍耐、献身、奉仕、物事を手放す、受け入れる、高次元の意識の獲得、悟り

占星術の対応／水

► マルセイユ版

LE PENDU

~ ストーリー ~

身動きのとれない状況で
悟りを得る生命力

　木に片足を縛られた状態で男が逆さ吊りにされています。一見過酷な状況に見えて、男の表情は苦悶に満ちてはいません。彼の頭部には知恵や慈悲を象徴する光が差し、木から芽生える緑の葉からは、生命力さえ感じられます。〈吊るされた男〉は、状況がゆえに身動きがとれず、思うように行動はできないものの、希望が完全に断たれたわけではないことを示します。より高次元のレベルにいくため、今はあえて立ち止まっているだけなのです。マルセイユ版では罪人がモチーフとされていましたが、ウェイト＝スミス版で描かれるのは、あくまでも悟りのために現状に耐える修行僧のようなイメージです。

ポジティブ解釈

物事が大きく進展する時ではありませんが、一度立ち止まることが今後に活きるでしょう。報われるタイミングを信じて、耐え忍ぶ時間と心得てください。今は再スタートに向けた努力に徹することで、決してこの時間が無駄ではなかったと後から気づくことになるはず。いつもと視点を変えて物事を見ると新たな発見がある可能性も。この修行期間に得た気づきは、あなたの財産となるでしょう。

ネガティブ解釈

自分の力ではどうしようもない状況により、我慢を強いられるでしょう。身動きがとれず、歯がゆい思いを味わいそうです。チャンスに気づいているのに状況的に動けなかったり、我慢せざるを得なかったりすることも。この我慢が確実に後の実りになるとは言えませんが、いつまでもこの状態が続くわけではありません。投げやりにならず、現状でできることを考えましょう。

XII

吊るされた男

⟋ ワンオラクルジャンル別キーワード ⟋

	恋愛	仕事	お金	対人	その他
正位置	将来を真剣に考える、2人の今後のために頑張ることができる、努力で恋が実る	将来のためにまい進する、成長のための修行、介護職、僧侶	ある程度お金を確保する、将来のために貯蓄できる	誰かのために動くことができる、人のいいところを吸収する	我慢強い人、寛容、悟りの境地、今が踏ん張り時、苦節の時
逆位置	進展のタイミングではない、今は待つ時、連絡不精、恋愛よりも仕事	タイミングを逸する、我慢や忍耐を強いられる、苦痛な仕事に耐える	自由に使えるお金がない、お金に関して裏切りを働く	人の影響を受けやすい、積極的な交流は望めない、窮屈な人間関係	無駄な努力や我慢、忍耐、自己犠牲、苦痛の修行、下積み

⟋ ワンオラクルヒント ⟋

ADVICE アドバイス	将来のことをよく考えて、焦らず着実に動きましょう	COLOR カラー	マリンブルー、透明
ITEM アイテム	絵画や陶芸品などの芸術作品、枕・ベッド	FOOD フード	お酒、メロン、キュウリ

賢龍's point
ネガティブに捉えた時に、無駄な努力や忍耐を示すところは〈力〉のカードと似ています。ただ〈力〉は自ら我慢しているのに対して、〈吊るされた男〉は本人の意志を問わず、そうせざるを得ない状況なのです。「彼から連絡が来ないのはどうして？」という質問内容の場合は、忙しくて連絡ができないのかもしれません。何にせよ、吊るされているがゆえに動けない状況を示すので、進展が望めるタイミングではありません。

DEATH.

キーワード

終わり、白紙、終結、無関係、刷新、変容、精神的な死、霊的進化、古い考えや信念からの脱却、解放、復活のプロセスの始まり、終わりと始まり

占星術の対応／蠍座

▶マルセイユ版

～ストーリー～

物事を白紙に戻し、
終わりと始まりを迎える時

　黒い鎧を身につけた死神が白い馬にまたがり、戦場を進んでいきます。その足元には倒れ込む人、ひざまずく子どもと女性、両手を合わせた聖職者の姿。死は誰にとっても避けがたく、死神を前にしてはなす術もありません。しかし地平線の彼方、2本の柱の間からは朝日が昇りつつあるのが見えます。この柱は精神世界への入り口、生と死の境目の象徴です。〈死〉のカードが意味するのは肉体的な死ではなく、物事の終焉とそれに伴う刷新です。死は終わりを表すと共に、復活のプロセスの始まりでもあるのです。一度死を迎えることで、動き出す未来があることを示唆しています。

ポジティブ解釈

　物事を終わらせるタイミングが来たようです。これは新たなものをとり入れるために必要な、変容のプロセスの始まりです。マンネリ化した状況や動かしがたい事実が覆され、新鮮な風が吹き込んできます。中途半端にしていた問題に決着がついたり、気持ちに整理がついたりして、次のステージへと進むことができるでしょう。古い考えや先入観、因習的な物事などからも解放される暗示。

ネガティブ解釈

　区切りをつけたいものの、なかなか踏ん切りがつかずに、もどかしい時を過ごすかもしれません。本来終わらせるべきタイミングであるものの、気持ちを整理できず、終わるに終われない状態に陥りがちに。先例に囚われて自由に動けなかったり、過去のしがらみから離れられなかったりすることも。心の問題の場合もありますが、単純にタイミングが悪く無駄足を踏むこともありそうです。

XIII

死

ワンオラクルジャンル別キーワード

	恋愛	仕事	お金	対人	その他
正位置	新たな出会い、過去のしがらみからの解放、イメージの刷新、心地いい関係	プロジェクトの完成、円満に終了する、辞めるタイミング、リサイクル業	必要なお金と無駄なお金の切り分けができる、適切に管理する、無駄遣いしない	人間関係に区切りをつける、過去のわだかまりの清算、新たなコミュニティ	始まりのための終わり、リセット、心機一転するタイミング
逆位置	終わるに終われない状態、曖昧な関係、ズルズルと交際を続ける	望む仕事が入ってこない、解雇される、納得できない終わり方	お金に関する遺恨が残る、お金を理由に諦める、予想外の出費	馴れ合いの関係、成長できない場に身をおく、腐れ縁	過去を引きずる、区切りをつけることができない、冷酷・冷淡な人

ワンオラクルヒント

ADVICE アドバイス	区切りをつけて前に進みましょう	COLOR カラー	真紅、ワインレッド
ITEM アイテム	ランプ、キャンドル、革製品	FOOD フード	玉ねぎ、ニンニク

賢龍's point

　絵柄から怖いと思われがちな〈死〉ですが、象徴するのは決して悲劇的な未来ではありません。ただし正位置でも逆位置でも、終わりのタイミングを示すのは同じです。たとえば「不倫をやめたいがやめられない」という質問内容で〈死〉が出た場合も、関係を終わらせるべき時期が来ていることを示します。現実的なアドバイスとしては、「刷新のための終焉へと持っていくにはどうするべきか？」を考える必要があるでしょう。

TEMPERANCE.

節制

TEMPERANCE

テーマ
節度を保つ
・混合・つなぐ

～ ストーリー ～

異なるものを混ぜ合わせ
架け橋として調和を保つ

キーワード

節度を保つ、自制心、混合、完全性、調整、調和、統合、錬金術、和解、変容のプロセス、つなぐ、絆、縁、比喩的に使われる架け橋

占星術の対応／射手座

▶マルセイユ版

　右足を水辺に浸し、左足を大地においた女神が、カップからカップへと液体を移しています。この女神は、ギリシャ神話に登場する虹の女神アイリスであると言われています。アイリスは神の世界と人間の世界を結ぶ架け橋のような存在であり、足元にはアイリスの聖花であるアヤメが描かれています。〈節制〉は、異なるものを混ぜ合わせることによる調和や、ちょうどいい程度を維持することから、中庸の精神を持って節度を保つことを象徴するカードです。個別の要素の間の均衡をとるというよりは、異なるものを混ぜ合わせてつなぎ、新しいものを作り出す、錬金術的なイメージです。

ポジティブ解釈

異なるものがうまく混ざり合うように、周囲と調和を保ちながらいい関係が築けるでしょう。あらゆる状況においても物事がまとまりやすく、何事も円滑に進むことが期待できます。他者と対立するような状況であっても、異なる考え方を交差させることで理解し合えそうです。その場に適した対応ができるでしょう。比喩的に架け橋を表すので、夢や希望が届きやすく、願望が成就する予感も。

ネガティブ解釈

調和が悪いように出ると、状況や1つ1つのよさを顧みずに、すべてを一緒くたにすることによる弊害が生じそう。何でも丸く収めようとしたり、個性があるものを均一にしたりするとかえってマイナスに。あるいは他者の介入により、自分自身の個性が奪われるように感じることもあるでしょう。異なるものが混ざり合うことは、必ずしもいいようには働かない場合があることを表します。

ワンオラクルジャンル別キーワード

	恋愛	仕事	お金	対人	その他
正位置	調和のとれた関係、息のぴったり合う相手、心から理解し合う、一体化する	人と人とをつなげる役割を果たす、仕事の紹介、結婚相談所、薬剤師	欲しいものが手に入る、お金に関する願望が成就する	バランスのとれた仲間との交流、同じ考え方の相手に出会う、良好な関係の維持	物事を円滑に収めることができる、他者との衝突を避ける
逆位置	望まぬ他者の介在、自我が保てない、共依存の関係	個性をつぶす・つぶされる、実力を発揮することができない	娯楽に費やす、思いがけなく散財する、他者に介入される	相手に一体化・統一性を強要する、集団の中で個性を発揮できない	没個性的、純潔が保てない、何でも同じであることを強要してしまう

XIV
節制

ワンオラクルヒント

ADVICE アドバイス	交わるべきかどうかの見極めを大切に	COLOR カラー	スカイブルー、紫
ITEM アイテム	キャンプグッズ、パスポート、スーツケース	FOOD フード	セロリ、グレープフルーツ、はちみつ

賢龍's point

本書の付録のデッキでは、〈節制〉の女神の背後に虹を描き加えています。これはウェイト＝スミス版の原画にはないものですが、1968年作の「アルバノ＝ウェイトタロット」にも虹は描かれており、オマージュの意味合いを含めて追加しました。アイリスは虹の女神であり、虹が入ることで〈節制〉の象徴において希望、祝福、架け橋、契約、和解という解釈も考慮できるようになります。近年では多様性が虹で表現されることも。

THE DEVIL.

テーマ
本能・欲求・悪徳

～ ストーリー ～

誰の心にも潜んでいる
本能と欲望を示す悪魔

黒山羊の頭を持つ悪魔が描かれています。左手には松明を持ち、右手は5本の指を広げており、これは〈司祭〉が示す祝福とは真逆の意味を持つとされています。つながれているのは、〈恋人〉にも描かれたアダムとエバ。ウェイト＝スミス版の〈悪魔〉は、キリスト教の異教の神バフォメットです。このカードが象徴するのは、人間の本能と欲望です。それらは決して悪しきものではなく、精神的・肉体的に満たされる喜びであり、一種の遊び心と言えます。さらに悪魔のルーツの1つとされるギリシャ神話のパーンは、笛の名手であることから、純粋な欲から派生した創造性や芸術性も象徴します。

キーワード

本能、欲求、依存、執着、中毒、束縛、惰性、物質主義、快楽に溺れる、悪徳、倫理に反する行為、カトリックにおける罪源、創造性、アーティスト

占星術の対応／山羊座

▶ マルセイユ版

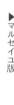

LE·DIABLE

ポジティブ解釈

あなたの中のクリエイティブな才能や欲求が刺激されています。直感力やひらめきが冴えるので、優れた創造物を生み出したり成果をあげたりできるでしょう。そんなあなたの創作やアイデアで周囲の人たちを喜ばせ、相手の欲求を満たしてあげることもできる状況です。また、純粋に精神的、肉体的に満たされることも暗示します。願望や欲求に従って、今を楽しむことができるでしょう。

ネガティブ解釈

欲求や本能が顕著になり、欲のために社会倫理に反したり、後先考えない行動をとったりしてしまいそう。自分の心の弱さによって、人や物に依存したり、悪しき行為に手を染めたり、物欲のままに散財したりすることもあるでしょう。その場限りの欲を満たすために身を滅ぼさぬよう、自分を省みることが必要です。現実を見ず希望だけを描いて、状況にそぐわない理想を掲げている場合も。

ワンオラクルジャンル別キーワード

XV

悪魔

	恋愛	仕事	お金	対人	その他
正位置	肉体的に満たされる、恋愛の刺激を楽しむ、ときめきを味わう	アーティスト・クリエイティブ活動、人を喜ばせる仕事、創作意欲を発揮する	お金を思いのままにできる、お金で楽しみを買う、発散する	一緒に楽しむ、レジャー・アクティビティで絆を深める	子ども心を持つ人、天真爛漫、表現力・創造力を発揮する
逆位置	倫理に反した恋愛、浮気、不倫、ワンチャンスを狙う人	転職には不向きなタイミング、ブラック企業、条件面での欲望が高まる	物欲のままに散財する、金銭への欲求が高まる、無茶なお金の使い方	子どもっぽい遊び、悪友とのつながり、面白半分のいたずら	理性が本能に負ける、執着が強まる、身を滅ぼす行為

ワンオラクルヒント

ADVICE アドバイス	自分の欲望に正直に行動して	COLOR カラー	ダークグリーン、黒、茶
ITEM アイテム	傘、歯ブラシ、時計	FOOD フード	パスタ、ほうれん草、ピクルス

賢龍's point

〈悪魔〉が象徴する本能的な欲求としては、「子どもならば許されること」がイメージしやすいでしょう。たとえば、壁の落書きや大声で歌うこと。それは成長過程にある子どもらしい行動であり、クリエイティブな才能とも捉えられます。不倫も社会倫理的規範で言えば悪いことですが、その根本にあるのは「好き」という感情。〈悪魔〉はこういった人間本来の欲求を示し、精神的な愛を象徴する〈恋人〉とは表裏一体なのです。

THE TOWER.

キーワード

突然の変化、天の啓示、現状
突破、解き放つ体験、すべて
が見通せる、強烈な印象、シ
ョック、破綻、自信喪失、権
力の崩壊、計画の中断、天災

占星術の対応／火星

▶マルセイユ版

L·A·MAISON·DIEV

XVI

塔

THE TOWER

テーマ
突然の変化
・天の啓示

〜ストーリー〜

予測不能の事態が起こり
大きな衝撃を受ける

　激しい稲妻が山頂にそびえ立つ塔を
直撃し、頂の王冠は吹き飛び火が出て
います。真っ逆さまに落下するのは、
権力者の象徴である赤いマントを羽
織った人物と、王冠を被った人物。こ
のカードが象徴するのは、予測不能な
変化や突発的な出来事です。人智を超
えた天災などを含め、どうすることも
できない事象を表します。また精神的
な面では、衝撃的な心境の変化も意味
し、物事が根底から覆されるような
ショックを描いています。悪い出来事
ばかりではなく、これまでに出会った
ことのない美しさや素晴らしさに驚き、
価値観が変わることもこのカードの意
味するところです。

ポジティブ解釈

衝撃的な変化が起こります。それは決して悪いことではなく、世界観が大きく変わることによっていい結果を招きそうです。現状を打破したり、凝り固まっていた思想が破壊されて新しい道へ進んだりすることができるでしょう。後から振り返れば大きな分岐点に思えるはず。また、あなたをとり巻く環境や予定した計画に変化が生じ、一度まっさらになることで、新たな気持ちで再建できそう。

ネガティブ解釈

予測不能の事態に翻弄されそう。アクシデントの対応に追われて、多忙になったり身体を壊したりすることもあるでしょう。しかしこれらは事前に察知したり、下準備したりできるようなものではないので、起きてしまったことに対して冷静に対処することが必要です。肉体的にも精神的にも大きなショックを受けるかもしれませんが、一度すべてを白紙に戻すことも必要な過程だと捉えましょう。

ワンオラクルジャンル別キーワード

	恋愛	仕事	お金	対人	その他
正位置	破滅的な恋愛、相手の信頼を失う、関係性にひびが入る	企画が頓挫する、物事を解体する、自己啓発・メンタルトレーナー	お金を手にするが問題が生じる、今持っているものを手放す	培ってきた関係性が壊れる、問題が生じる、予定をドタキャンされる	白紙になる、予測不可能な出来事、根底から覆される、精神的ダメージ
逆位置	一目惚れ、刺激的な恋、イチから関係を築きあげていく、恋愛観が一変する	現状を突破する、1つの仕事をクリアし次のステージへ進む	宝くじに当たる、棚からぼたもちのようなラッキーが起こる、一発逆転する	新たな出会い、コミュニティの開拓、ユニークな友人	自分の殻を破る、難関を突破する、目からウロコが落ちるような体験

XVI

塔

ワンオラクルヒント

ADVICE アドバイス	不測の事態に備えて、臨機応変な対応を	COLOR カラー	赤
ITEM アイテム	アニマル柄のグッズ、打楽器	FOOD フード	唐辛子、スパイス、エスニック料理

賢龍's point

〈塔〉は精神的・事象的な変化を示します。「次のデートはうまくいく?」という質問に〈塔〉が出たら、デートがうまくいくかという問題以前に、予定そのものが白紙に戻る可能性も。ただそれが現実になったとしても、あくまでも事象として、予想外の出来事が起きただけのこと。相手との仲が悪化するわけではありません。鑑定で〈塔〉が出ると敏感に反応される方が多いですが、それほど悲観しなくてもいいのです。

THE STAR.

星

THE STAR

テーマ
希望・浄化
・創造力

～ ストーリー ～

輝かしい生命力にあふれ
未来への希望を抱く

キーワード

希望、夢の認識、展望、予見、予兆、未来へのビジョン、インスピレーション、スピリチュアル、浄化、精神的なつながり、アート、創造力、美意識

占星術の対応／水瓶座

▶マルセイユ版

片ひざをついた裸の女性が、両手の壺から生命の水を海と大地に流し込んでいます。ウェイト氏は「永遠の若さと美しさ、解き明かされた真実」を示すカードと語っていますが、〈星〉が示すのは希望であると解釈します。希望というと輝きに満ちた未来が想起されますが、その反面、具体性がなく理想論的な夢でしかないことも表します。カードの上部、星空やトート神の化身であるトキが描かれている部分は、希望や予見などまだ見ぬ未来への兆しや見通しを示します。一方カードの下部、女性や水辺、大地が描かれている部分は、美しさや生命力、精神的なつながりを意味しています。

ポジティブ解釈

大きな夢がふくらみ、晴れやかな気持ちに満たされます。先の状況ですでに決まっていることがあるのなら、今後うまく進んでいくことが予想されます。たとえば転職や結婚などの予定がある場合はうまくいくでしょう。大切な人たちとの精神的つながりが強まるので、身近な人たちと関係を深めることができそう。美意識や創造性が高まり、アートや芸術方面で才能を発揮できる可能性も。

ネガティブ解釈

理想や夢がふくらみますが、地に足がついていない様子。自分の立場や状況、実力を度外視して不相応な夢を抱いている状況です。具現化されておらず机上の空論になっているうちは、実現は難しいと言えるでしょう。きちんとした見通しを立てて行動しない限り、夢は夢のまま。浮ついた精神性でその場だけの楽しみに興じたり、思いつきでとった行動から損をしたりすることもありそう。

ワンオラクルジャンル別キーワード

XVII

星

	恋愛	仕事	お金	対人	その他
正位置	2人の未来を思い描く、結婚後の安泰、つながりが深まる	芸術家、地に足をつけて今後の見通しを考える、明確なキャリアパスを描く	いい結果が出る見込みがある、未来のためにお金の使い方を正す	同じ目標を持った仲間と出会う、切磋琢磨する、刺激を受ける	スピリチュアル要素、夢を思い描く、希望や期待に輝く
逆位置	先行き不透明な関係、浮ついた恋、恋の理想だけがふくらむ	状況が決まらずに迷っている、優柔不断、動くべき時ではない	貯蓄できない、気づいたら支出が増えている、現実的でない資金計画	その場しのぎの交流、足の引っ張り合い、つり合いのとれない関係	現実を見ていない、高望み、地に足がついていない

ワンオラクルヒント

ADVICE アドバイス	具体的に将来を思い描きましょう	COLOR カラー	蛍光ブルー、メタリックカラー
ITEM アイテム	パソコン、カメラ、宇宙モチーフのグッズ	FOOD フード	サプリメント、宇宙食、缶詰

賢龍's point

このカードが出た場合は、正逆どちらにしても精神的な希望がある状態と言えます。ただしそこに明確なビジョンはあるのか、具体性があるのかは一度見直す必要があるでしょう。どんなに素敵な希望を描き夢がふくらもうとも、計画性がなければ成功するとは言えないからです。ただし、すでに見通しがついている未来を占った結果であれば、進展が望めると解釈できます。占う内容によって臨機応変に解釈してください。

THE MOON.

不安、恐れ、幻影、見えない
真実、分別を失う、混乱、影
（シャドー）、深層心理、無意
識、直観、隠された事柄

占星術の対応／魚座

▶マルセイユ版

≪ XVIII ≫

月

THE MOON

テーマ

不安・恐れ
・深層心理

～ ストーリー ～

恐れの中で警戒し
ひっそりと夜明けを待つ

　うつむきながら輝く月に向かって、
犬と狼が遠吠えをしています。池から
姿を見せるのは、月の象徴でもあり不
安の暗示であるザリガニ。人間が古来
より恐れてきた闇に浮かぶ〈月〉は、
本能的な恐れや人間の深層心理を表し
ます。ただし、不安や恐れという心配
事は、危機管理能力が働いていること
の表れでもあります。直感が冴え、本
能が呼び覚まされるとも言えるでしょ
う。今は行き先が見えないかもしれま
せんが、「夜明け前が一番暗い」とも
言われるように、これ以上暗くなるこ
とはありません。夜が明けるのをじっ
と待っていれば、間もなく明るい朝日
が差し込んでくるはずです。

ポジティブ解釈

今がつらい状況であるならば、これ以上悪くなることはありません。夜中にかえって頭がクリアになるように、物事への集中力が高まり、むしろ地に足をつけられる状態です。そんな時だからこそ、時期を待ちながら今できることをやっておくのが賢明です。直感力が働き、自分の身を守るための判断ができそう。公ではないところでひっそりと愛を育んだり、関係性を深めたりすることも。

ネガティブ解釈

先行きが不透明で、路頭に迷っている状況です。見通しが立たずに身動きがとりにくいでしょう。恋愛や対人においても不安を抱えそうです。ただし、今は仕事を辞めたり、恋人と別れたりといった決断をすべきタイミングではありません。不安な状態ではありますが、絶望的な結果が見えているわけでもないのです。暗い夜道を手探りで進むことしかできない状況ですが、今は耐える時と心得て。

XVIII

月

ワンオラクルジャンル別キーワード

	恋愛	仕事	お金	対人	その他
正位置	人知れず育む愛情、丁寧に培っていく関係性、秘めた恋心	臨床心理士・カウンセラーなど人の心を扱う仕事、危機管理能力を発揮する	お金の勉強や資金集めに向いている時、いずれ経済状況が好転する	仲間内で親交を深める、落ち着いた関係、少しずつ相手を知る	自分で自分の身を守る、深層心理、本能を呼び覚ます
逆位置	行き先の見えない恋、今は耐える時、相手の気持ちが読めない	不明確な企画、気を回しすぎて疲れる、心配事や不安が絶えない	見通しが立たない、ずさんなマネープラン、収支が不明確	密告、内緒話、相手の真意をはかりかねる、裏で噂が広まる	秘密裏に物事が動く、暗中模索、手がかりがない、懸念が多い

ワンオラクルヒント

ADVICE アドバイス	周囲に惑わされずに、自分の心を思い出して	COLOR カラー	青、紫
ITEM アイテム	ペアグラス、アンクレット、占いグッズ、たばこ	FOOD フード	魚介類、レタス、ラディッシュ

賢龍's point

不安や恐れを象徴するカードのため、ポジティブに読もうとするのは少々難しいかもしれません。しかし、自分の恐れを自覚することで内省したり、対策を考えたりすることもできるでしょう。その不安を察知する能力が高まっているのですから、未然に事を防げるかもしれません。何にも気づけぬまま、不安から目を背けたままでいるほうが危険なはず。日の出を待つ時だからこそ、できることを考えてみるといいでしょう。

太陽
THE SUN

THE SUN.

テーマ
祝福・達成・名声

~ ストーリー ~

輝かしい太陽の下、
光と祝福に包まれる

キーワード

祝福、達成、成就、名声、活力、生命力、回復、物事が明らかになる、公になる、単純さ、純粋さ、開放感、天真爛漫、守られている状態

占星術の対応／太陽

▶ マルセイユ版

輝く太陽の光を一身に浴びながら、両手を広げて白馬にまたがる裸の子ども。高い塀の外にはひまわりが咲きほこっています。生き生きとした喜びに満たされた〈太陽〉が象徴するのは、周囲から受ける祝福です。達成による名声の獲得と、願望の成就を示しています。また、万物の生命力の源である太陽のようにみなぎる活力も意味し、そこから派生して、守られた自由の中で無邪気に振る舞う子どもらしさや単純さという意味も持ちます。その開放的な明るさで注目を集めるでしょう。太陽の下ではすべてが明るみに出るので、見えていなかったものが可視化される、公になる状況を示すことも。

ポジティブ解釈

何かを達成したり活躍の場が与えられたりして周囲から認められ、称賛を受けるでしょう。仕事での成功や恋愛の成就、結婚など、物事が順調な波に乗っています。気持ちも上向きでエネルギーに満ちあふれているので、何か新しいことに挑戦するのにもちょうどいいタイミングと言えそうです。何にも囚われず、ありのままの姿でのびのびと振る舞うことで、さらなる成功へとつながるでしょう。

ネガティブ解釈

子どものような無邪気さは、ネガティブに作用すると幼稚な未熟さが顕著になります。仕事では、自我を貫き通して悪目立ちする、協調性の欠如が顕著になることがあるでしょう。恋に恋するような恋愛や、幼稚さゆえにうまく進展しない恋の予感も。どんな場合でも自分の未熟さが悪影響を及ぼし、判断を誤ったり、先を考えない行動で後悔する結果を招いたりしそう。客観的な視点を忘れずに。

XIX

太陽

◠ ワンオラクルジャンル別キーワード ◠

	恋愛	仕事	お金	対人	その他
正位置	楽しい時間を共にする、祝福される恋、結婚、恋が実る	実力で活躍する、周囲にエネルギーを与えて引っ張る、経営者、医者、公共事業	成功者としてお金を手に入れる、知名度で評価される	他者との交流で輝く、人付き合いの楽しさを味わう	周囲から祝福される、活力にあふれる、事実が明らかになる
逆位置	幼い恋心、子どもっぽい相手に翻弄される、幼稚な恋愛	独りよがりな采配をふるう、社内で悪目立ちしてしまう	散財する、お金の使い道を間違える、損失が発覚する	幼稚な集まりに参加する、稚拙なやりとり、成長しない関係	幼稚さが目立つ、未熟さが露呈する、隠し事が明るみに出る

◠ ワンオラクルヒント ◠

ADVICE アドバイス	あふれる活力を有意義に使いましょう	COLOR カラー	金、朱色
ITEM アイテム	トロフィー、高級車	FOOD フード	ステーキ、高級食材、オレンジジュース

賢龍's point　「祝福」というテーマからは結婚が連想されますが、それは太陽の下を堂々と歩ける恋愛の場合。たとえば不倫の恋ならば、白日の下に晒されることを示し、「祝福」されるわけではありません。また〈太陽〉は子どもらしさを表しますが、〈愚者〉の持つ奔放なイメージとは異なります。〈愚者〉は生まれ持った楽観的な性格や、豊かな精神性など生き方そのものを表しますが、〈太陽〉は現在の状況や精神面を表すにとどまります。

JUDGEMENT.

審判

JUDGEMENT

テーマ
よみがえり・
覚醒・気づき

～ ストーリー ～

新たな気づきが与えられ、
天使が報せる覚醒の時

キーワード

よみがえり、復活、覚醒(目覚め)、気づき、悟り、意識の改革、悔い改める、克服、報われる時

占星術の対応／火

▶マルセイユ版

L·E·IUGEMENT

　天使がラッパを鳴らし、それを合図に海上の棺の中から死者たちがよみがえっています。これは聖書の「最後の審判」がモチーフで、火の属性を持つ大天使はミカエルと思われます。棺からのよみがえりは肉体という物質からの解放を表します。〈審判〉が象徴するのは、復活であり覚醒。死者が目覚める瞬間が来たように、次のステージへと進むタイミングの訪れを報せています。ラッパの音色によって眠っていた意識が目覚め、生まれ変わったかのように新たな気づきや悟りを得られるかもしれません。時を経て、過去の教えや経験が活かされたり、昔の情熱が呼び覚まされたりすることも。

ポジティブ解釈

　幸運のタイミングが来ています。もし滞っていた物事があるなら、ようやく再開し、スムーズに進むようになるでしょう。また、すでに「終わった」と思っていたことがいい形で役に立ちそう。それは過去に受けたアドバイスや、昔の縁であったり、譲り受けたりしたものなどの可能性も。そこで得られる気づきによって意識が変わり、何かを乗り越えたり、ステップアップを望めたりするでしょう。

ネガティブ解釈

　せっかくのチャンスに気がつかず、ふいにしている可能性が。いくら幸運の啓示があっても、タイミングを逃してしまえば成長の機会を失うことに。あなたを棺からよみがえらせてくれるラッパの音色に耳を澄ませましょう。また、昔の大切な縁を蔑ろにしたり、逆に過去の恋愛にしがみついたりしていることも。すでに受けたかもしれない啓示に気づくためにも、過去を振り返って。

ワンオラクルジャンル別キーワード

XX
審判

	恋愛	仕事	お金	対人	その他
正位置	次のステージへの進展、結婚に進む、順調に交際を進める	人に何かを知らせる立場、大事な言葉を伝える、職業訓練所、自立支援をする	注ぎ込むべきお金を見極める、過去の貯蓄に救われる	有益なアドバイスを得る、友達付き合いの中に気づきがある、旧友との縁	ステップアップ、過去から気づきを得て前進、昔の教えやアドバイスを思い出す
逆位置	過去の恋愛に固執する、過去のわだかまりやケンカを引きずる	過去の事例にこだわる、因習に固執する、古いやり方	お金の使いどころの見極めを誤る、過去の損失の影響を受ける	関係の停滞、過去のケンカの再発、過去の噂に縛られる	こだわりやしがらみから離れられない、因習的、思い出にすがりつく

ワンオラクルヒント

ADVICE アドバイス	舞台を変える時。教えはすでにあなたの中に	COLOR カラー	ブルーブラック、真紅
ITEM アイテム	口紅、ランジェリー、金庫、スチール製品	FOOD フード	発酵食品、熟成肉、ブラックコーヒー

賢龍's point

　恋愛を占って〈審判〉が出た場合は、基本的にうまくいくと捉えていいでしょう。ただ、心にモヤモヤを抱いている状況ならば、過去のトラウマや昔の恋愛に囚われていると解釈できることも。過去の人の幻影を追ったり、思い出にしがみついたりしてはいませんか？　あなたの近くにはもうすでに、新たに手を差し伸べてくれている人がいるはず。気づいていないだけの可能性が高いので、過去への執着は捨て、今を見つめて。

THE WORLD.

テーマ
完成・終局・全体意識

〜 ストーリー 〜

自らの足でようやく
辿り着いた終着地点

キーワード

完成、達成、終局、コンプリート、充実、調和、安定、達成感、ベスト、全体意識

占星術の対応／土星

▶マルセイユ版

　緑のリースの中で、両手にワンドを持ち軽やかに踊るのは、運命の女神フォルトゥーナと思われます。四隅には、〈運命の車輪〉でも登場した4つの生き物（獅子、牡牛、天使、鷲）の姿をした智天使。〈世界〉が象徴するのは、長き道のりを越えた先にある完全なゴール。これまでの道のりを経てようやく掴んだ達成であり、自ら区切りをつけること、また終わらせることを示します。それは必然的なものですが、終わりを迎えることによって未来につながるため、決してネガティブなものではありません。栄誉を手にしたり、結婚に進んだり、これまでの過程によってもたらされる「完成」の形です。

ポジティブ解釈

今のあなたは完全な状態にあります。積み重ねてきたものが実を結ぶので、何も心配はいりません。訪れる結果に対して納得して受け入れることができるでしょう。些細な見落としや未練もなく、すべてに満足して完遂したと言えます。自信を持って喜びや充実感に浸りましょう。また全体意識という意味もあるので、個を主張するより周囲との調和のとれた関係性を意識するといいでしょう。

ネガティブ解釈

何かが終わりを迎え、ゴール地点に達したものの、心は満足していないのかもしれません。やり残しや未練が残り、結果に納得できていない状態です。また、あるゴールに辿り着いて物事が一段落したため、これ以上の発展が望めない可能性もあるでしょう。現状維持がしばらく続くことになりそうです。また、やや個性をなくして全体に染まりすぎている場合も。自分らしさを思い出して。

XXI

世界

ワンオラクルジャンル別キーワード

	恋愛	仕事	お金	対人	その他
正位置	相思相愛、関係の完成、最高の状態、交際の始まり、結婚	プロジェクトの完遂、目標達成、望んだ結果を得る、政治家、グローバルビジネス	お金に対する今後の心配がなくなる、収入が安定する	相性がいい相手、ちょうどいい距離感を保つ、わかり合える友人	非の打ちどころがない、コンプリートする、ゴールに辿り着く
逆位置	終わるに終われない関係、これ以上の進展は見込めない	全体意識に染まり個性を失う、現状維持にとどまる	一定の収入でやりくりする、臨時収入の見込みがない	仲が進展しない、これ以上深入りできない、壁がある	完璧主義、満足感を得られない、納得のいかない終わり方

ワンオラクルヒント

ADVICE アドバイス	積み重ねてきた思い出や功績に浸りましょう	COLOR カラー	茶、黒
ITEM アイテム	新聞、古本、骨とう品	FOOD フード	根菜類、黒豆、懐石料理、ほうじ茶

賢龍's
point

　　実際の鑑定で〈世界〉が出たら、私がアドバイスすべきことはないと思っています。今の状態で完成しているので、何も心配ないからです。たとえば退職や離婚にまつわる事柄など、一種の「終わり」を示す場合であっても、それは決して絶望ではなく、必要な卒業のようなもの。〈死〉が示す終わりは突然訪れる終焉ですが、〈世界〉の終わりは自ら選び、納得、満足した結果のうえでの完結です。それは物事の完遂とも言えます。

カードの図像の変容

タロットカードは時代と共に変容し、
歴史的なルーツとなる図像とは大きな違いがあります。
ここではその代表的な3枚の例を紹介します。

3度の変容を遂げた〈恋人〉

ヴィスコンティ版　マルセイユ版　ウェイト＝スミス版

　「ヴィスコンティ・スフォルツァ・タロット」の〈恋人〉の図像は男女と目隠しをしたキューピッドで、ヴィスコンティ家の結婚を表していました。しかしマルセイユ版では、古代ギリシャの寓話『ヘラクレスの選択』がモチーフとされ、2人の女性に迷う男性と、片方の女性を狙うキューピッドが描かれ、悪徳と美徳の選択を迫られる場面を表しています。一方、ウェイト＝スミス版では旧約聖書「創世記」のアダムとエバがエデンの東を追われる前の状態が描かれており、〈恋人〉の図像は大きく3度も変容しています。

右手に砂時計を持つ〈隠者〉

ヴィスコンティ版　マルセイユ版　ウェイト＝スミス版

　横を向き、顔を伏せてランタンを持つ図像が描かれた〈隠者〉ですが、「ヴィスコンティ・スフォルツァ・タロット」の〈隠者〉は、ランタンではなく、砂時計を手にしていました。隠者のルーツは「時の翁」を表す図像であり、砂時計は時を司る者の象徴でした。しかし、やがて銅版印刷の普及に伴ってタロットカードが大量生産されるにあたり、彫り師によってミスコピーが生じたために、砂時計がランタンへと変容していったと考えられます。

風刺画としての〈運命の車輪〉

ヴィスコンティ版　マルセイユ版　ウェイト＝スミス版

　〈運命の車輪〉の図像のルーツは、ヨーロッパで古くから伝わる、運命を司る女神・フォルトゥーナです。「ヴィスコンティ・スフォルツァ・タロット」の〈運命の車輪〉にはフォルトゥーナがそのまま描かれていましたが、マルセイユ版では不思議な動物と拷問の機械としての車輪が描かれています。当時のヨーロッパでは、権力者を間抜けな動物として扱われることの多いロバに見立てた風刺が出回っていたことから、その影響を受けていると考えられます。しかしウェイト＝スミス版では大きく作り替え、テトラモルフやスフィンクスなど、神聖なモチーフが描かれました。

Section3

小アルカナ
カード解説

万物を構成する四元素に対応し、
4つのスートに分けられる小アルカナ。
マイナーアルカナとも呼ばれますが、
リーディングに深みと可能性をもたらし、
時に私たちにヒントを与えてくれます。
小アルカナに触れることで、
タロットの世界をさらに堪能しましょう。

小アルカナとは

時にヒントとなる小アルカナ

　小アルカナの56枚は、14枚ずつ4つのスート（要素）に分けられます。14枚はさらに、1から10までの数字が振られた「ヌーメラルカード（数札）」10枚と、ペイジ、ナイト、クイーン、キングと名づけられた「コートカード（人物札）」4枚に分けられます。コートとは宮廷を指し、ペイジは小姓、ナイトは騎士、クイーンは女王、キングは王といったように、宮廷での役職を示します。

　スートにはワンド（こん棒・杖）、ソード（剣）、カップ（聖杯）、ペンタクル（金貨）の4つがあり、これらは火、空気（風）、水、地といった四元素の象徴です。これらのスートについては次のページから説明します。

　本書では、小アルカナはスート別ではなく、数字・役職ごとに掲載しています。同じ数字や役職のカードにはそれぞれ共通するキーワードがありますが、スートによってその性質の出方が違い、他のスートと比べながら学んだほうが覚えやすいためです。

　象徴性が強い大アルカナと比べて、小アルカナは日常的な事柄を表します。私のリーディングではあくまでも大アルカナを優先し、小アルカナは補足的なものとして読みます。しかし、リーディングをするうえでプラスαの可能性を与えてくれ、時に重要なヒントを伝えてくれる、それが小アルカナです。

ワンド
WANDS

　ワンド（こん棒・杖）は、四元素の「火」を象徴します。活動、創造力、情熱、自信といった、能動的なエネルギーを持つスートです。男性原理を表し、燃えさかる炎のような向上心や野心など、上昇志向や競争意識的な性質があります。その反面、活動的であるあまりに攻撃的になる、挑戦心が強いあまりに無謀な行動をとるなど、誇り高さゆえに自信過剰な性質も持ちます。

　仕事のことを占った際にワンドが出る場合は、仕事に対する野心や向上心を表します。恋愛のことを占った際にワンドが出る場合は、相手を落とそうとアタックする、勝ち負けで考えるなど、ポジティブに言えば恋への積極性、ネガティブに言えば恋愛を勝ち負けで考えるなど、ゲーム的に見ている状況を表します。

〔ワンドの解釈〕

スート	ワンド
四元素	火
ポジティブ	活動、行動、想像力、熱中、冒険、自信、男性原理
ネガティブ	攻撃性、短気、急ぎすぎ、無茶、無謀、無責任、自信過剰、頑固、強情
占星術の星座	牡羊座　　獅子座　　射手座
トランプ	♣クローバー

ソード
SWORDS

　ソード（剣）は、四元素の「空気（風)」を象徴します。切れ味のいい剣は知性や理性を表し、分析的な思考を象徴するスートです。「空気（風)」に当てはまりますが、軽やかなコミュニケーションを表す占星術の「空気（風)」のイメージとは少々ずれる部分もあります。ソードは論理的で、それが過剰になると批判的な面や冷酷さが顕著になり、計算高い側面も表れます。

　仕事についての質問でソードが出た場合は、ビジネスにおいて冷静に問題点を見つけ対処する能力や、利益主義的なイメージとして捉えられます。恋愛や人間関係の質問でソードが出る時は、厳しさを持って相手を条件で判断したり、また対象への苦手意識として出てくることもあります。

〔ソードの解釈〕

スート	ソード		
四元素	空気（風）		
ポジティブ	知性、理性、真実、正義、善悪の判断、冷静、鋭敏、分析的、合理的		
ネガティブ	冷淡、批判的、無神経、考えすぎ、無感情、計算高い、理論にこだわりすぎ		
占星術の星座	双子座	天秤座	水瓶座
トランプ	♠ スペード		

カップ
CUPS

　カップ（聖杯）は、四元素の「水」を象徴します。感情や愛情を司り、あふれ出る水のような人の情動や、心を満たす豊かな愛を表すスートです。女性原理的な心の動きの性質を持つため、共感力や何かを愛おしむ力があります。その反面、それらが過剰になると情に執着して感傷的になる、または夢見がちな面や気まぐれさ、優柔不断な部分が顕著になります。

　仕事の質問でカップが出た場合は、気持ちの面が強調されるため、やりがいや仕事に対する思い、周囲と協力して行う仕事を表すことが多いです。恋愛の質問では特にカップが出やすく、揺れ動く心や相手への愛情として出てきますが、ネガティブに見ると重たい愛や依存などを示すこともあります。

〔カップの解釈〕

スート	カップ
四元素	水
ポジティブ	エモーション、心情、心の状態、心の変化、流れ、満たされる、潤い、女性原理
ネガティブ	感傷的、内向的、決断力の欠如、憂鬱、気まぐれ、気分屋、現実逃避
占星術の星座	蟹座　　蠍座　　魚座
トランプ	♥ハート

ペンタクル
PENTACLES

　ペンタクル（金貨）は、四元素の「地」を象徴します。物の価値を表す金貨のように、物質的に存在するもの、また金銭的な豊かさを表すスートです。時に権力の象徴として出ることもあります。実際的、実利的な性質を持つため、地に足のついた安定感があります。その反面、それが過剰になると、保守的で柔軟性がなく、頭が固い様や、面白みがなく平凡な側面が強調されます。

　仕事について占った際にペンタクルが出た場合は、経済面の安定はもちろんのこと、物質的に何かを形作ることや、または経験を積むといった意味を表すこともあります。恋愛や人間関係の質問内容では、安定的で落ち着いた関係や、信頼関係、信頼を得ようとする様子を表すことが多いです。

〔ペンタクルの解釈〕

スート	ペンタクル
四元素	地
ポジティブ	物質、保証、安全、財産、経験、肉体、実際的なこと、豊かさ、繁栄
ネガティブ	保守的、平凡、実利主義、柔軟性の欠如、頑固、型にはまる
占星術の星座	牡牛座　　乙女座　　山羊座
トランプ	◆ダイヤ

エース

《 エース 全体のキーワード 》

物事の
始まり　　　　根元　　　　生まれる

無から
現れる瞬間　　スタート　　　点

《 エース の基本的な意味 》

最小の正の整数である「エース（1）」は、すべての根元であり、物事の基本を示します。何もないところから新たなものが誕生する瞬間や、始まりを象徴する数字です。真っ白な紙にペンで点を1つ打った時のような、新たなエネルギーが発生した状態です。男性原理のため行動力もあり、可能性に満ちあふれています。

《 エース のカードが表すもの 》

ウェイト＝スミス版の「エース」のカードは、すべて雲から巨大な手が突き出ている様子が描かれ、まさに無から有が生じる瞬間を表しています。その手が持つのは、それぞれのスートを象徴するアイテムです。「エース」のカードでは、各スートが有する純粋なエネルギーがみなぎり、新たなスタートの時を表しています。

ワンドのエース
ACE of WANDS

キーワード 創造的な力、熱意、自信、勇気、
起源、根元、原理

ACE of WANDS.

▶マルセイユ版

ストーリー　**力強くみなぎる熱意と勇気**

　雲から突き出た手が、1本のワンドを力強く握りしめています。ワンドからは新芽が顔を出し、新たな生命が芽吹いていることがわかります。ワンドは生命力を表すスートであり、〈ワンドのエース〉はその純粋なエネルギーを象徴しています。新たな始まりに対する熱意や勇気など、自己の中でわき起こる情熱を示すカードです。

ポジティブ解釈

　やる気に満ち、積極的に行動を起こせる時です。何かを始めたいという意欲が強くなり、情熱を注ぐ対象が見つかるでしょう。今にも一歩を踏み出そうとしている段階で、これから新たな挑戦が始まろうとしています。

ネガティブ解釈

　情熱が芽生えるものの、計画性がなく無謀になりがちです。張り切りすぎて抑えがきかず、言動が攻撃的で過剰になるでしょう。やる気があっても空回りしてしまうので、前のめりになりすぎないように注意が必要です。

ソードのエース
ACE of SWORDS

キーワード 精神的な力、ひらめき、
アイデア、決意、強い意志

ACE of SWORDS.

▶マルセイユ版

ストーリー　**突然降りてくるひらめき**

　雲から突き出た手が、1本のソードを力強く握りしめています。ソードの先端には王冠が掲げられていることから、勝利や権力を示すという解釈もあります。ソードは分析力を象徴するスートであり、〈ソードのエース〉は突然わき起こるインスピレーションを表すと共に、鋭いソードで何かを断とうとする強い意志も示しています。

ポジティブ解釈

　直感力が研ぎ澄まされ、閃光のようにピンとアイデアがひらめく、ふいに心の中で決意が固まることを表します。ソードが示す思考力や分析力が高まっているため、対象を見定めたり、計画を立てたりしやすい時です。

ネガティブ解釈

　分析的思考が過剰になることで、物事に対して批判的になりがちです。損得で判断するので、人間関係や仕事に対してもドライになり、周囲の目には冷たい人と映ることもあります。斜に構えた態度にならないよう気をつけましょう。

キーワード 感情的な力、喜び、慈愛、裕福、愛の始まり

カップのエース
ACE of CUPS

ストーリー **あふれ出す感情と慈愛の精神**

雲から突き出た手のひらの上にカップが乗せられ、清らかな水が流れ落ちています。白い鳩はカップの中へと向かい、水面には睡蓮が咲きます。カップは感情を象徴するスートであり、〈カップのエース〉はあふれ出る水のように急にわき起こる気持ちや愛情、慈しみを表しています。これらは心の中に秘められ、受動的であることが特徴です。

ポジティブ解釈

自分の中で急な感情がわき起こり、その気持ちに深い愛着を抱くでしょう。見返りを求めずに、無償の愛情が芽生えます。突然のときめきや止められないほどの新鮮な思いに、新たな恋の始まりの可能性を感じられそうです。

ネガティブ解釈

愛情といった気持ちは芽生えるものの、自分から行動を起こすことはありません。受動的なため、人に言われるがままになることも。遠くから対象を見つめていたいという愛のため、進展は望みにくいかもしれません。

ACE of CUPS.

◀マルセイユ版

エース

キーワード 実質的な力、信頼、信用、新プロジェクト、新たな財源、完全な満足

ペンタクルのエース
ACE of PENTACLES

ストーリー **安定を望み決心を固める**

雲から突き出た手のひらの上にペンタクルが乗せられています。この大きなペンタクルには、第五元素を示す五芒星が刻まれています。ペンタクルは物質や経済といった、現実的な生活の基盤を表すスートであり、〈ペンタクルのエース〉は安定や繁栄、または信頼を求めて、まさにこれから足場を作ろうと決心を固めた瞬間を表すカードです。

ポジティブ解釈

身を固める意識が高まり、覚悟が決まる時です。信頼や信用を得るために力をつけ、経済的な安定を求める意欲が高まります。現実的に未来を見据えて動こうとする段階で、これから新たな一歩を踏み出そうとします。

ネガティブ解釈

自分の中での決意は固まっているものの、基盤を作るのはこれから。やる気はたしかですが、実績や築いてきたものもなく、実力も伴っていないため、まだまだ半人前の状態です。ここから努力を重ねる必要があるでしょう。

ACE of PENTACLES.

◀マルセイユ版

エース
ワンオラクルジャンル別キーワード

		恋愛	仕事	お金	対人	その他
ワンドのエース	正位置	恋の始まり、本能的に惹かれる、情熱的な恋	熱意がある、やる気がみなぎる、充実した仕事	投資の開始、稼ぎたいという意思	積極的なコミュニケーション、自分から心を開く	生命力がみなぎる、モチベーションの高まり
	逆位置	行きすぎたアプローチ、好意から暴走する	空回りする、先走って失敗する、無茶な仕事	無謀な投資、荒い金遣い、無計画な出費	攻撃的になる、押しが強い、無理に誘う	過剰、度を越す、勢いで突っ走る
ソードのエース	正位置	気持ちがはっきりする、告白の決意	アイデアがひらめく、企画の立案、情報分析	収支の分析、情報に基づいてマネープランを立てる	適度な距離感、アイデアマン、付き合う人の選別	勘が冴える、情報収集能力、先を見通す
	逆位置	相手を批評する、冷たく接する、好意の裏返し	利益優先の仕事、合理的判断で進める仕事	お金目当て、お金に細かい、出し惜しむ	ドライな関係、相手の気持ちを考えない、素っ気ない	人間味の欠如、血も涙もない、世知辛い
カップのエース	正位置	突然愛があふれ出す、一目惚れ、恋愛対象として見る	夢中になれる仕事、アットホームな環境、人情で働く	お金の大切さを実感する、お金で救われる	思いやりの心を持つ、親しい関係になる、友好的	急に芽生える感情、慈愛の精神、感情の波
	逆位置	受け身、見つめるだけの愛、進展しない	言われたことしかしない、主体性に欠ける	金銭にこだわらない、少額のお金に縛られる	イーブンではない関係、気持ちを伝えられない	受動的な態度、流される、依存心が強い
ペンタクルのエース	正位置	身を固める決意、結婚を意識する、安定した付き合い	手堅い仕事、就職、スキルを身につけようとする	貯金の開始、運用計画を立てる	関係の始まり、信頼関係の構築、穏やかな関係	生活の安定を考える、安泰を目指そうとする
	逆位置	浮ついた関係性、中身のない交際、将来性がない	実力不足、形から入る、未経験	資金は貯まっていない、資金計画は未定	未熟な関係性、信頼関係ができていない	まだ地に足がついていない、勉強不足

2

《 **2** 全体のキーワード 》

意識による
対象化

境界

分ける

差異化　　自我の芽生え　　個性を作る

《 **2** の基本的な意味 》

「2」は、対象が存在することで対になる状態が作り出され、相反するものとのバランスや、そこから生まれる葛藤を表します。対象の存在を認識することによって意識が芽生えると同時に、2つのものが存在することによって違いが表れ、個性が生まれます。異質的な対象との間には境界があり、個が強調されるのです。

《 **2** のカードが表すもの 》

ウェイト＝スミス版の「2」のカードは、異なるものの存在によって動く意識や調和が描かれています。ワンドであれば相反する気持ち、ソードは板挟みにされる状況や対象との距離感、カップは対象との相互関係、ペンタクルは2つの選択肢など、それぞれ対象が存在する世界における向き合い方を表しています。

ワンドの2
Two of WANDS

キーワード 静寂と活発、崇高と苦難、壮大な物事に対するたかぶりと不安

ストーリー **期待と不安を胸に未来を描く**

地球儀を手に城の上に立ち、遠くを見据える男性。見渡す先にあるのは、彼が獲得してきた領土です。右側にあるワンドは城壁に固定されていて、もう1本は彼の左手にあります。これは静止しているものと動くもの、相反するものを象徴しています。進むべき道を選ぶ中で、2つの気持ちや選択肢の間で心が揺れる状態を示すカードです。

▶マルセイユ版

ポジティブ解釈

期待と不安など、2つの気持ちの狭間にあります。けれども未来への期待は高まり、希望を持って行動できる時です。将来の計画を立てたり、相手との未来を描いてアプローチを起こそうとしたり、能動的な状態です。

ネガティブ解釈

相反する気持ちの間でセンシティブになっています。心配事が多く、見通しが立たずにモヤモヤしてしまいがち。その不安定さから疑心暗鬼になったり、相手の態度に疑念を抱いたりしてしまうことも。気持ちの葛藤を表します。

ソードの2
Two of SWORDS

キーワード 行き詰まり、間合いをとる、板挟み、熟考、協調と均衡

ストーリー **緊迫感を持って均衡を保つ**

目隠しをした女性が、2本のソードを胸の前で交差させ、均衡を保っています。感覚を研ぎ澄ませて、2つの選択肢を熟考しているのでしょう。背後の海は穏やかに凪いでいて、荒波を立てずに精神のバランスをとることを象徴しているようです。緊迫のうえでの調和や、均衡を保つことによる一時的な行き詰まりを示しています。

▶マルセイユ版

ポジティブ解釈

集中力が高まり、物事に慎重に向き合う時です。同時に緊張感もありますが、真剣に対象と対峙している証拠でもあります。慎重さゆえに物事の進展はありませんが、現在の状態を維持し、自らの思考を深められる時です。

ネガティブ解釈

ギリギリの状態でバランスを保とうしているため、肩に力が入っていて、心には余裕がありません。周囲に対する警戒心も高まって神経質になり、対象との間合いをとろうとします。何かに板挟みにされる状況を示すことも。

キーワード 愛、友情、調和、共感、同情、男女の相互関係、2人の結合

カップの2
Two of CUPS

ストーリー **心の結びつきによる純粋な愛**

若い男女がカップを手に向かい合い、儀式のように誓いを交わしています。カップの上にある有翼の獅子は、〈恋人〉のカードへの照応でしょう。〈カップの2〉は純粋な愛や友情を表し、対象との共感や心のつながりを表すカードです。男女に限らず、思いを分かち合える親密な関係性や、パートナーシップといった相互関係を示します。

ポジティブ解釈

愛情が募り、純粋な気持ちで相手との関係性を気づくことができます。心が通じ合って交際がスタートすることもあるでしょう。ポジティブな相互関係は恋愛に限らないため、周囲の人との信頼関係を深められる好機と言えます。

ネガティブ解釈

愛情が単なる情に変わり、形式化された愛が退屈に感じそうです。心に新鮮さが失われ、馴れ合い的な関係や妥協的な姿勢になってしまうでしょう。目的がなく中途半端な精神状態では、楽しい刺激や明るい進展は得られません。

◀マルセイユ版

2

キーワード 2つの可能性や問題、やりくり上手、要領がいい、二重生活

ペンタクルの2
Two of PENTACLES

ストーリー **優れたバランス感覚と可能性**

若い男性が両手にペンタクルを持ち、軽やかに踊るような足取りを見せています。器用にペンタクルを操る姿からは、巧みなバランス感覚と要領のよさが感じられ、2つのペンタクルは、無限大記号の形をしたリボンによって結びつけられています。2つの対象の均衡を保ちうまく扱う状態や、2つの可能性があることを表すカードです。

ポジティブ解釈

1つの方向性に縛りつけられることなく、気楽に状況を楽しめるでしょう。複数の相手や拠点、選択肢を持っていることから、心にも余裕が生まれそうです。物事をうまくやりくりし、イニシアチブを握ることができるでしょう。

ネガティブ解釈

方向性が定まらず、足元が不安定な状況です。選択肢を絞れないことによって、あてがなく宙ぶらりんの状態になりそうです。恋愛では浮気の可能性も。うまくやっているようで、バランスが崩れるのは時間の問題かもしれません。

◀マルセイユ版

2

ワンオラクルジャンル別キーワード

		恋愛	仕事	お金	対人	その他
ワンドの2	正位置	アプローチしようとする、相手への期待が高まる	計画を立てる、明確な目標を持つ、着実な実績	ライフプランを立てる、計画的な支出、お金の管理	コミュニケーションをとる、親しくなりたい相手	期待、希望がある、新たな一歩を踏み出そうとする
ワンドの2	逆位置	不安定な気持ち、相手の気持ちが見えない	見通しが立たない、状況を把握できない	金銭的に不安がある、収支が明確になっていない	相手の反応に不安がある、嫌われているように感じる	不安定、疑わしい、不明確なものに対する心配
ソードの2	正位置	関係の停滞、本心を見せずに付き合う	仕事に集中する、慎重に行う仕事、結論の保留	収支のバランスを保つ、プラスマイナスゼロ	緊張感のある関係、気を遣って接する	集中している、思考力が高まる
ソードの2	逆位置	警戒心がある、相手を信じられない	仕事に余裕がない、手がいっぱいの状況	金銭的な余裕はない、厳しい経済状況	神経質な相手、板挟みになる、ジレンマを抱える	ゆとりがない状況、追い詰められている
カップの2	正位置	純粋な愛情、相思相愛の関係、惹かれ合う2人	協力を得られる、ビジネスパートナー、新規契約	バランスのとれた金銭感覚、お金の相談	心からの友情、信頼関係を築く、共感、意気投合する	真実の気持ち、清らか、相互に深め合う
カップの2	逆位置	ダラダラとした付き合い、マンネリ化した関係	条件が見合わない、妥協的、受け入れるしかない	収支のバランスが崩れる、資金計画が立たない	馴れ合い、情に流される、進歩のない付き合い	惰性的、とりとめがない、表面的
ペンタクルの2	正位置	気楽な付き合い、恋愛を楽しむ、軽いお誘い	2つの事業、副業を始める、器用に仕事をこなす	収入と支出のバランスをとる、収入源が増える	バランスのとれた関係、遊びを楽しむ	2つの拠点、かけ持ち、臨機応変な対応
ペンタクルの2	逆位置	浮気、二重生活、遊びの恋愛、本気ではない	拠点がない、基礎ができていない、仕事が定まらない	経済基盤がない、いい加減な資金計画	特定のグループに属さない、お調子者の人物	根無し草、フラフラしている、安定しない

3

《 **3 全体のキーワード** 》

共通　　　結びつき

関係性　　　共通原理

3

《 **3 の基本的な意味** 》

「3」は、対象が誕生した「2」の状態にもう1つの選択肢が加わる状態です。1対1の相互の関係から発展してコミュニティが形成され、新たな関係性が誕生します。そこには3者の結びつきがあり、同じ共同体に属するという共通性があります。より多様な可能性をはらむ、新たなコミュニケーションが生まれるのです。

《 **3 のカードが表すもの** 》

ウェイト＝スミス版の「3」のカードは、バランスを保つことで停滞していた「2」から発展し、動きが生まれています。また、ソードを除くカードには、仕事的な要素を含んでいることも特徴です。「3」はまだ物事の初期段階を表しますが、成功の一歩手前の状況や、すでに何かを手にした状況が描かれています。

ワンドの3
Three of WANDS

▶マルセイユ版

ストーリー **成果が表れる初期段階**

　断崖の上から、船が海を進んでいく様子を見送る男性の後ろ姿が描かれています。船が運ぶのは、彼が貿易で扱う積み荷です。それは彼が確立している強さや、まだ十分な結果ではありませんが、これまでに得られた成功を表します。商業的な事柄を象徴するカードでもあり、仕事における展望や可能性などの幸運を示しています。

ポジティブ解釈

　これまでの努力が実り、最初の成功が結果として表れる、もしくは先の成功が約束されます。人間関係では将来性のある関係を築くことができ、仕事では事業を展開する、成績が上向きになるなど、前向きな見通しがつくでしょう。

ネガティブ解釈

　気持ちは前向きで勢いがありますが、それゆえに自信過剰で無謀な行動をとってしまいそう。自己を過大評価してあれこれと手を出したり、不確かな状態で行動を起こしたりすると、痛い目を見ることもあるかもしれません。

ソードの3
Three of SWORDS

キーワード 離散や分割に伴う痛み、喪失、除去、解任、転居、撤去

▶マルセイユ版

ストーリー **成長のための痛みと悲しみ**

　3本のソードがハートを貫き、背景には立ち込める雲と降り注ぐ雨が描かれています。〈ソードの3〉は、喪失や別離などにおける、悲嘆や心の痛みを表すカードです。ただし、この痛みは成長において必要なものであり、悲しみを受け入れることで癒やしを手に入れられることも意味しています。痛みがなければ変革は起こり得ないのです。

ポジティブ解釈

　トラブルの発生や失敗など、痛手を負う出来事が起こりそう。ただし、それらは今後の展開のために必要な壁でもあります。それを乗り越えられれば、今より状況が改善して成功へとつながるため、一時的な損失と心得て辛抱を。

ネガティブ解釈

　ショッキングな出来事が起こり、喪失感を味わうことになりそう。胸をえぐるような苦しみによって、心に傷を負うことになるでしょう。深い悲しみに囚われてしまいますが、今は甘んじて痛みを受け入れるしかありません。

幸せな結末、問題の終結、完成と歓楽、勝利、友情

カップの3
Three of CUPS

ストーリー **仲間と祝福する勝利の喜び**

　3人の乙女が、豊作の庭園で誓い合うかのようにカップを掲げています。楽しげで幸福感に満ちあふれた〈カップの3〉は友情のカードとも言われ、その通りの意味を持ちますが、勝利や祝福というキーワードも持ちます。人物が3人いることからも、他者とのつながりのうえでの成功や喜びを表しています。

ポジティブ解釈

　仲間との協力による成功や、友情の深まりを楽しめる時です。恋愛、対人ではいい関係を築き、仕事においてもチームワークによって目標を達成できるなど、周囲との関係がカギに。精神的に満足できる結果を得られそうです。

ネガティブ解釈

　周囲とのつながりはあるものの、発展性が見られません。享楽的に時を過ごし、馴れ合いになっています。過度な物質的、感覚的な快楽も表します。内部にいては気づかないこともあるので、自分を客観視する必要があるでしょう。

◀マルセイユ版

3

熟練の仕事、プロ、創造性と実践的スキルによる成功、職業、商売

ペンタクルの3
Three of PENTACLES

ストーリー **熟練したスキルで信頼を得る**

　修道院を前に立つ3人の人物。左の男性は、この修道院の建築に携わる彫刻家です。職業や商売を象徴するカードで、努力によって身につけたスキルを使って信頼を勝ちとり、報酬を得て生活基盤を築く姿を表しています。仕事と自分の技術に誇りを持ち、プロフェッショナルとして活躍の機会を得られる可能性や、成功を表すカードです。

ポジティブ解釈

　あなた自身の人柄や経験、能力によって、周囲からの信頼を得ることができるでしょう。認められることで関係性が深まったり、仕事の実績につながる好機が訪れたり、嬉しい結果が望めます。社会的な立場を確立できそうです。

ネガティブ解釈

　これまでに磨いてきた技術や重ねた経験はあるものの、自分を過信してしまいそう。視野が狭まって頑固になり、思った通りに事が運ばないでしょう。自分で思う実力と相手からの評価は別物と心得て、思いあがらないように注意。

◀マルセイユ版

3

ワンオラクルジャンル別キーワード

		恋愛	仕事	お金	対人	その他
ワンドの3	正位置	将来性のある恋愛、関係の前進、手応えを感じる	事業の拡大、仕事が増える、ビジネスパートナー	金銭の使い道を考える、資金計画の見通しがつく	協力関係を築く、助けてもらえる、仲間との共有	成功の一歩手前、可能性を感じる
	逆位置	無謀なアタック、相手が定まらない、独りよがり	手を広げすぎる、キャパオーバー、実力以上の仕事	無謀な投資、収入に見合わない支出	協力者が現れない、賛同意見を得られない	自信過剰、無謀な行い、読みが甘い
ソードの3	正位置	関係性改善のためのトラブル、価値観のすり合わせ	成功のための失敗、間違いから学びを得られる	利益のための一時的な損失、まだとり戻せる	ぶつかり合って改善する、相互理解のためのケンカ	痛みなくして改革なし、3人寄れば文殊の知恵
	逆位置	心に傷を負う、喪失、破局、別離	過労、大きな失敗、うまく進まない	損失が出る、お金の失敗により痛手を負う	人間関係の分裂、拒絶される、傷つく言葉	ただ痛みを受け入れる、悲しみに囚われる
カップの3	正位置	コミュニティ内の恋愛、祝福を受ける	仕事の成功、共同作業、チームワークが発揮される	利益を得る、共同財産、皆が得をする	友情を深める、社交性、会合に参加する	勝利、喜びを共有する、精神的な満足
	逆位置	2人の世界に入り込む、人目をはばからない	非生産的な会議、問題点がわからない	交際費がかさむ、流されてお金を使う	馴れ合い、内輪ウケ、ルーズな交友関係	自分を客観視できていない、井の中の蛙
ペンタクルの3	正位置	相手からの信頼を勝ちとる、安心感のある相手	仕事が増えそう、売れっ子、熟練、立場が確立する	収入の見込みが立つ、稼ぐ手立てがある	堅実な関係性、信用される、頼られる	信頼、商売、経験を活かす、チャンスを得る
	逆位置	関係の発展が遅い、魅力が伝わらない	自分の実力を過信する、自信があるゆえに学ばない	多く見積もる、自己評価に見合わない収入	頑固な相手、心を許してもらえない	自意識過剰、思いあがり、プライドが高い

4

《 4 全体のキーワード》

形作る　　　　現実化　　　　物質

時間と空間　　時の循環　　　生と死の
　　　　　　　　　　　　　　サイクル

《 4 の基本的な意味》

「4」は安定性を表す数字です。四元素や四方位はこの世界の基礎を作り出すものであり、四角形は現実的な構造物の基盤となる形です。安定して強固であることから、動きはなく一時停止してる状態で、一定の完成形を表しています。また、四季のように継続するものや時間の循環の象徴でもあり、命の巡りも示します。

《 4 のカードが表すもの 》

ウェイト＝スミス版の「4」のカードは安定、または停止した状態を象徴します。ワンドは人生における1つのゴール、ソードは休息の意味での停止、カップは動きがないことへのマンネリ感、ペンタクルは保守的な姿勢を示します。「4」は偶数であることからも能動的な動きは見られず、揺るがない状況が描かれます。

ワンドの4
Four of WANDS

▶マルセイユ版

ストーリー 終着点に達し安定を得る

アーチ状の4本のワンドの先に、2人の女性が花束を掲げ、こちらを歓迎しているように見えます。奥には大邸宅と楽しそうに踊る人々の姿も描かれています。〈ワンドの4〉は祝賀のカードで、人生における1つの到達地点の象徴です。安定を得る、一定の完成に辿り着くなど、一段落して安定した様子を示します。

ポジティブ解釈

1つの目標地点に辿り着けそうです。恋愛や対人であれば、関係が成熟し、ある種の一区切りに。仕事でも一段落や一定の成果を挙げ、喜びを感じられるでしょう。精神的な安定を得て、ほっと一息つくことができそうです。

ネガティブ解釈

一定のゴールに辿り着いたものの、満足感が得られません。もっと前進したいという気持ちがあり、限界や停滞感を覚えそう。また、明るく楽しそうなものが表面的に見え、その裏にある怖さを感じとることもあるでしょう。

ソードの4
Four of SWORDS

キーワード 問題の一時的な休息、熟考、内省、警戒、休戦

▶マルセイユ版

ストーリー 静かな場所での一時的な休息

騎士の影像が棺の上に横たえられています。影像は聖母マリアのステンドグラスへ向かって、祈りを捧げているようにも見えます。3本のソードは壁に収められ、もう1本は影像の隣に。騎士はソードを手にしていません。〈ソードの4〉は一時的な休戦を表すカードで、戦いから身を引き心身を休め、熟考する状態が描かれています。

ポジティブ解釈

意識的に休息をとることで、効果的に疲れを癒やすことができる時。今は積極的に行動するよりも、英気を養いコンディションを整えて、次の一歩のための準備をしましょう。また、物事を熟考することによってアイデアが深まりそう。

ネガティブ解釈

疲労困憊で休息を必要としている状態です。目の前のことに手いっぱいで、思い通りに動くことができません。心身共に余裕を失っているので、思考停止状態に陥っています。警戒心も高まり、周囲の人と距離が生まれそう。

キーワード 欲求、飽きる、マンネリ、不満足、大切なものが見えていない

カップの4
Four of CUPS

ストーリー **目の前の状況に不満が募る**

若者が木の下に座って、目の前に並んだ3つのカップを見つめています。雲から現れた手が、彼にもう1つのカップを差し出していますが、彼はそれに気がついていないのか、目もくれません。〈カップの4〉は現状に飽きたマンネリを表すカードで、手にした大切なものの価値を忘れ、新たな感動を求めて思案する状態を示しています。

ポジティブ解釈

現状に充足感があるでしょう。状況や関係性に大きな発展は見られませんが、安定した状況に高望みせず納得できそうです。関係は成熟し、すべてやり尽くしたからこそ、新たな可能性や刺激を求めて模索する段階です。

ネガティブ解釈

現状への不満が募り、飽き飽きしてしまいそう。対象への新鮮さを忘れ、魅力を感じなくなるでしょう。また、やる気を失って無感動になりがちに。あなたの手の中にある、かけがえのないものの大切さを思い出してください。

▲マルセイユ版

4

キーワード 所有の保証、物や金銭への執着、保守、贈り物、遺産、継承

ペンタクルの4
Four of PENTACLES

ストーリー **所有するものを守り抜く意志**

王冠を被った人物が1枚のペンタクルをがっちりと抱え込み、1枚を頭上に、2枚を両足の下に押さえ込んでいます。このカードは物欲や所有欲を示すカードで、手にしたものを守ろうとする強い意志を象徴しています。卑しい守銭奴のようにも見えますが、4つのペンタクルは一定の信頼や築いてきた基盤の強さも表します。

ポジティブ解釈

安定的な状況にあり、現状を維持したい気持ちになりそうです。恋愛や対人では信頼を得て、金銭的にも豊かな状態です。発展や変化は見られないものの、大切なものを守ることで、今の状態を持続させていくことができるでしょう。

ネガティブ解釈

所有欲が過剰で、独占的な状態になるでしょう。人にとられたくないという思いが強く、仕事や金銭においては独り占めをしたくなり、恋愛や対人でも対象への依存に陥ってしまいそう。強欲になりすぎないように注意。

▲マルセイユ版

4
ワンオラクルジャンル別キーワード

		恋愛	仕事	お金	対人	その他
ワンドの4	正位置	将来性のある関係、安心できる相手、成熟した関係	一仕事終える、一定の成果を得る	金銭的な安心を得る、安定的な収入	居心地のいい関係、気のおけない仲間	終着点に到達する、一区切りを迎える
	逆位置	愛情にあぐらをかく、これ以上発展しない関係	停滞感、限界が見える、これ以上は進まない	収入が増える見込みがない、これ以上は得られない	同調圧力、裏がある、望まない勧誘	不完全な形でのゴール、表面的な喜び
ソードの4	正位置	恋は一休み、今後のために距離をおく	英気を養う、企画を熟考する、リフレッシュ休暇	収支計画の見直し、運用より貯蓄に回す	1人の時間を過ごす、癒やしを得る	次の行動のための充電期間、メンテナンス
	逆位置	進展しない関係、恋をする余裕がない	休息を必要とする疲労、過労、何も考えられない	金運の停滞、資産の塩漬け、収入が増えない	他人を避ける、内にこもりがち、人間関係への疲労	思考停止、ゆとりがない、警戒心が高まる
カップの4	正位置	マンネリの関係、相手に飽きる、倦怠期に陥る	モチベーションが下がる、ルーティンワーク	財布の紐が固い、収入への不満が募る	腐れ縁、退屈な友情、刺激のない遊び	保守的、ワンパターン、代わり映えしない
	逆位置	充足した関係、相手のために考える	満足できる仕事、新しい企画を考える	収入に満足している、次への計画を立てる	成熟した友情、お互いを信じ合える仲間	新たな可能性の模索、方向性の思案
ペンタクルの4	正位置	地に足のついた関係、関係を維持する	取引先からの信頼を得る、自分の地位を守る	金銭的に余裕がある、満足な収入がある	安定した信頼関係、サバサバした友情	維持、保守的、手堅い、大切なものを死守する
	逆位置	相手への独占欲、嫉妬心、依存、束縛する	手柄を自分のものにする、仕事の横どり	利益の独占、所有欲、ケチケチしている	関係性に固執する、警戒心が高まる、強欲な人物	停滞、専有する、出し惜しみする

《 5 全体のキーワード 》

向上、理想　　物質からの　　霊的進化
　　　　　　　超越

高次元へ　　　創造性　　　第五元素
向かう

《 5 の基本的な意味 》

「5」は物質からの超越を表し、ややスピリチュアル的な側面を
持つ数字です。「4」で物質の基盤を作り出しましたが、「5」は
規範的なその枠組みからはずれ、高次元へ向かって霊的な進化を
遂げる時。創造性や向上心を持ち、新たなものを作り出そうとし
ます。理想や憧れに向かって成長する、動きのある数字です。

《 5 のカードが表すもの 》

ウェイト＝スミス版の「5」のカードは、安定し穏やかな「4」
のカードと比べて雰囲気が一変します。ワンドは争っているよう
にも見える力比べ、ソードは奪われる者と奪う者、カップは喪失
への落胆、ペンタクルは心身の苦難が描かれています。安定が覆
された状況は、高次元へ向かうための過程なのかもしれません。

5

ワンドの5
Five of WANDS

▶マルセイユ版

ストーリー **競争によって力を高め合う**

5人の若者がワンドをぶつけ合っています。これは争いのための戦いではなく、スポーツをするかのように勝ち負けを競っている状態で、むしろ生き生きとしたエネルギーをはらんでいます。〈ワンドの5〉は、目標達成のために努力して切磋琢磨する姿が描かれ、全力でぶつかり合う競争によって、力を高める様子を示します。

ポジティブ解釈

向上心が強くなり、勝ちとりたい、のしあがりたいという思いが芽生えます。恋愛であれば相手をものにする、「落とす」ために注力する時。仕事や金銭面でも競争心が働き、それが成長につながるなどいい契機となりそうです。

ネガティブ解釈

向上心はあるものの、成長のためにしたことが徒労に終わりそう。周囲との高め合いが叶わずいざこざが起こる、または努力が結果につながらず、消耗してしまいそうです。非生産的で無意味な争いにならないように注意を。

ソードの5
Five of SWORDS

▶マルセイユ版

ストーリー **力ずくで奪われ敗北する**

戦いに敗れて去っていく2人の人物の後ろ姿を、ソードを奪った男が勝ち誇った表情で眺めています。彼はこの土地を略奪や力によって支配しようとしているのです。支配者と敗北者のどちらに自分を投影するかによっても解釈が異なりますが、敗北を象徴するカードのため、基本的には何かを奪われ喪失感を味わう状況を表します。

ポジティブ解釈

力の行使によって勝者になり得そうです。ただし、欲しいものを手に入れることはできますが、その手段は道徳的なものではないかもしれません。結果だけを見れば、自身の利益を得られる点においてはポジティブと言えます。

ネガティブ解釈

力の前に屈し、立場を追われたり何かを奪われたりするでしょう。誰かの言いなりになってしまうことも。それによって精神的なストレスを感じることもありそうです。相手に隙を見せないよう、気を引き締めたほうがよさそう。

キーワード 落胆、失望、一部損失、期待はずれ、すべて失ったわけではない

カップの5
Five of CUPS

ストーリー **喪失と残ったものへの見落とし**

外套を着た男性が肩を落として、倒れた3つのカップを見つめています。背後には、まだ倒れていない2つのカップがありますが、彼はそれに気がついていないのかもしれません。〈カップの5〉は、何かを失うことによる落胆や失意が描かれますが、実際的な損害は大きくなく、まだ落ち込む必要はない状況を表しています。

◀マルセイユ版

ポジティブ解釈

一時的にショックを受けることがありますが、安心してください。本当に損害は大きなものでしょうか？ 悲観的にならずに現状を冷静に分析すれば、まだ希望が残っていることに気がつけるはずです。落胆で視野を狭めないこと。

ネガティブ解釈

失ったものへの喪失感に苛まれ、そこから抜け出すことができずにいるようです。本当はまだ残されているものがあるはずですが、気づくことができません。終わったと思い込み、みすみす機会を失ってしまうことになりそうです。

5

キーワード 金銭・仕事・体調面での苦難、物質的・社会的地位における苦悩

ペンタクルの5
Five of PENTACLES

ストーリー **金銭、心身における苦難**

凍えるような吹雪の中、2人の貧民が歩いています。左の人物は怪我を負っているようです。背後には明かりのついた教会の窓がありますが、彼らは救いを受けられないのでしょう。〈ペンタクルの5〉は、金銭や物質面だけでなく、肉体的、精神的にも苦しい状況を象徴するカードです。カーストにおける苦難や、不自由も示します。

◀マルセイユ版

ポジティブ解釈

苦難があるからこそ、物に対する執着から逃れることができそうです。人間関係やお金に対するこだわりを捨て、自分には必要ないものだと割り切ることで、すっきりするでしょう。物質に囚われない価値観を見つけられそうです。

ネガティブ解釈

困難な状況におかれ、周囲に援助も求められず、1人悩み苦しむことになりそうです。状況を変えるにも、余裕のなさから動くことができず、不自由を感じるでしょう。天から見放されたかのような感覚に陥りそう。

5
ワンオラクルジャンル別キーワード

		恋愛	仕事	お金	対人	その他
ワンドの5	正位置	勝ち負けのある恋愛ゲーム、相手を口説く	競争心を持って働く、切磋琢磨、コンペに参加する	生産的な支出、マネーゲーム、賞金の獲得	励まし合う、高め合う、周囲から刺激を受ける	有意義な競争、向上心ゆえの闘争心
	逆位置	無意味なケンカ、あわよくばの思いでアタックする	無駄な努力、足の引っ張り合い、答えの出ない議論	無意味な支出、ギャンブルで資金を失う、	いざこざが起こる、グループ内のトラブル	悪戦苦闘、悪あがき、ただの揉め事
ソードの5	正位置	別れ、恋人を奪われる、恋人の浮気	左遷される、嫌な命令を受ける、手柄を横どりされる	お金を奪われる、騙されたことによる損失	言いなりになる、威圧的な人物にストレスを感じる	その場から去る、大事なものを失う
	逆位置	略奪愛、奪う、相手を意のままにする	強引に仕事をとる、人を踏み台にしてのしあがる	利益の略奪、自分の利益のみ考える	相手を支配する、騙す、蹴落とす	力の行使、強奪、手段を選ばない
カップの5	正位置	気まずくなる、落胆する、自分の言動を後悔する	失敗したが損害はない、改善の余地がある	大した損失ではない、まだとり戻せる	人間関係での悩みを抱える、関係がぎくしゃくする	一時的なショックを受ける、後悔する
	逆位置	関係が終わったと思い込む、相手を諦めてしまう	失敗にしか目がいかない、ミスによって落ち込む	損した感情に囚われる、とり戻す気力がない	人間関係の悩みに囚われる、周りが見えていない	残されている可能性に気づけない
ペンタクルの5	正位置	薄情な態度、虚しい恋愛、寂しさを感じる	ストレスのある仕事、損失、資金難	貧困、金銭的な援助がない、収入を得られない	助けを求められない、助けの手が差し伸べられない	不自由、肉体的な負担、制約が多い
	逆位置	嫉妬心や束縛心を手放す、恋愛モードではない	こだわりを捨てる、型にはまらない仕事のやり方	お金への執着を手放す、物質からの脱却	関係を手放す、割り切った関係	精神性を高める、執着心からの解放

《 **6** 全体のキーワード 》

美、芸術　　ビジョン　　気づきを得る

調和、均衡　　優雅、博愛　　養育、擁護

《 **6** の基本的な意味 》

「6」は、「5」で高次の理想や憧れに向かったのちに美を意識するようになります。この美の概念には調和、均衡、優雅、博愛といった性質も含まれます。ナンバーはここで折り返しとなり、個人の次元と高次の次元の中間地点に来たことによる、気づきを得ます。そして後へ続く者を養育、擁護する意味も含まれます。

《 **6** のカードが表すもの 》

ウェイト＝スミス版の「6」のカードは、助け合いや仲間意識といった人間関係の調和がテーマです。ワンドは勝利に対する祝福、ソードはそつのない仕事ぶり、カップは心温まる郷愁、ペンタクルは施しを与える人と受ける人が描かれます。ペンタクルが顕著ですが、どのカードにも立場の違う人物が描かれるのも特徴です。

ワンドの6

Six of WANDS

▶マルセイユ版

ストーリー **勝利を収め賞賛を受ける**

月桂冠を被った騎士がワンドを持ち、馬に乗っています。この騎士はまだ若いですが、一定の手柄をあげ、周囲の者を従えて祝福されている様子。〈ワンドの6〉は、目的にはまだ遠く、達成には至っていないものの、それなりの結果を出して認められる状態が描かれています。成功を収めたことによって自信も得られるでしょう。

ポジティブ解釈

成功の第一歩と言えるような結果が得られ、周囲の見る目も変わりそうです。恋愛では相手からの信頼を得たり、関係性が周囲に認められたり、仕事ではコンペに勝てる可能性も。胸を張って堂々と前へ進んでいくことができます。

ネガティブ解釈

成功を収めることによって、周囲から嫉妬の目を向けられそう。それはあなた自身が謙虚さを失い、一度の勝利によって天狗になってしまっているからかもしれません。道はまだ半ばですから、横柄な態度は控えるようにしましょう。

ソードの6

Six of SWORDS

キーワード 過渡期、安全な移動、考え方の移行、事の推移、移り変わり

▶マルセイユ版

ストーリー **物事や気持ちの移り変わり**

小さな船に2人の乗客を乗せ、向こう岸へと運ぶ渡し守りの姿が描かれています。進行方向の波は穏やかで、彼は難なくこの仕事をこなすことができるでしょう。〈ソードの6〉は移動を表すことから、物事の移り変わりや進路変更を象徴するカードです。進む方向を変えることは、意識の変化や環境の変化にも関わります。

ポジティブ解釈

環境や心境が変化するタイミングです。対象にかかわらず、あなたの意識が変わり始めることとなるでしょう。まだ過渡期のため、成熟した意識ではありませんが、船が岸から岸へと移るように、枠組みを超越できるかもしれません。

ネガティブ解釈

方向転換が必要になり、計画を立て直すこととなったり、作りあげてきたものをやり直すことになったりする可能性が。または方向転換を誤ることで、望んでいない場所へ向かって動き出してしまうこともありそうです。

幼年期の記憶、懐かしさ、過去
の幸福、振り返り、守られた場所

カップの6
Six of CUPS

ストーリー　**郷愁と心の安らぎを味わう**

古びた庭園で、男の子が小さな女の子にカップを手渡し
ています。カップはどれも花々で満たされ、幸福感を象徴
しているようです。郷愁を呼び起こすような心温まる風景
が描かれる〈カップの6〉は、思い出や昔の出来事、童心
を象徴するカードです。過去に関係する人や故郷、または
安全な場所を表すこともあります。

ポジティブ解釈

心の安らぎを感じるような、人
との縁を感じられる出来事があり
そうです。相手に深い親しみを感
じたり、実際に過去にあった縁が
再びつながったりすることも。過
去を振り返ることで得られるもの
もあるかもしれません。

ネガティブ解釈

過去の思い出や栄光に囚われる
状況を表します。懐かしむだけな
らいいのですが、執着することで
先に進めなくなってしまいそうで
す。いい思い出にせよ苦い経験に
せよ、過去に浸るのではなく、そ
れを糧にする必要があります。

◀マルセイユ版

6

・・

贈り物、贈与、援助、富や資源
のシェア、助け合い、満足感

ペンタクルの6
Six of PENTACLES

ストーリー　**善良な心で富を分け与える**

商人の姿をした男性が、天秤でお金の重さを量り、貧し
い人々に施しを与える姿が描かれています。彼は成功を収
めて富を所有し、慈善の精神を持つ人物です。〈ペンタク
ルの6〉は、善意を動機とした助け合いや、他者への援助
を表すカードです。分配する、共有することによる均衡や、
それによる満足感を示します。

ポジティブ解釈

助け合いの精神が功を奏する時
です。恋愛は、相手を支えること
が発展のきっかけに。仕事では協
力することでうまくいきそうです。
誰かに何かを与えることで得られ
るものもあれば、逆に施しを受け
る側になることもあるでしょう。

ネガティブ解釈

慈善の精神がうまく伝わらず、
受けとってもらえない状況です。
優しさをお節介と思われてしまっ
たり、頑張りに報酬が見合わな
かったり、自分の気持ちと不適合
なことが起こって報われないよう
に感じるでしょう。

◀マルセイユ版

6
ワンオラクルジャンル別キーワード

		恋愛	仕事	お金	対人	その他
ワンドの6	正位置	チャンスを掴む、祝福される関係、信頼を得る	成功を収める、結果に表れる、認められる	金銭的な安心感、成功による報酬を得る	祝福を受ける、喜びを分かち合う、注目を集める	勝利、称賛を得る、自信がつく
ワンドの6	逆位置	浮ついた関係、自信過剰な態度	仕事での謙虚さを失う、成功をねたまれる	無駄遣いが多くなる、交際費がかさむ	嫉妬、やっかみ、非難を浴びる	調子に乗る、過大評価、度を越す
ソードの6	正位置	恋に対する価値観の変化、新たな気持ちの芽生え	いい仕事をする、十分に仕事をこなす力がある	お金に関する意識が変わる、計画性が高まる	人間関係の変化、新たなコミュニティ	移動する、環境を変える、変化に気づく
ソードの6	逆位置	心変わり、気持ちが冷める、話が合わない	企画の練り直し、方向性の変化による対応	収支計画の立て直し、無計画な支出	意見の食い違い、価値観が合わなくなる	方向転換を誤る、やり直し、違和感を抱く
カップの6	正位置	守られる関係、親しみのある相手、昔からの知り合い	仕事の縁がつながる、過去の仕事から得る学び	プレゼント（利益、祝い金）をもらう	幼なじみ、同窓会、気のおけない仲間	懐かしむ、郷愁、故郷、美しい思い出
カップの6	逆位置	過去の恋愛を引きずる、元恋人に囚われる	過去の栄光を引きずる、過去の失敗に囚われる	後輩へのお金の出費、もらって困るプレゼント	過去の関係に固執、腐れ縁、閉鎖的な関係	思い出への固執、武勇伝を語る
ペンタクルの6	正位置	支え合える関係、サポートから生まれる恋	共同作業でスムーズに進む、仕事の成功	援助をする、金銭的に余裕がある	助け合い、与えることで感謝される	バランス、均衡、相互関係、シェアによる喜び
ペンタクルの6	逆位置	お互いの負担になる、気持ちに差がある	労力に見合わない仕事、何も生み出さない	無駄な援助、帰ってこないお金を貸す	お節介な人、恩を売る、押しつけがましい相手	余計な行動、不適合、報われない

7

《 *7* 全体のキーワード 》

改革　　　　発明　　　　イノベー
　　　　　　　　　　　　ション

リニューアル　　革新　　　　刷新

《 *7* の基本的な意味 》

「7」は改革や発明を表し、これまでに築いてきたものを変えて
いく、刷新するという意味を持つ数字です。「6」までに感じて
きたことを表現する、主張していくことを表します。「7」とい
う数字は聖書にも数多く登場し、もともと占星術では土星までの
7惑星を使用していたことなど、重要な意味を持っています。

《 *7* のカードが表すもの 》

ウェイト＝スミス版の「7」のカードは、思案することやイメー
ジを表すカードです。わかりやすいのはカップで、夢見がちな空
想が描かれ、ソードは企み、ペンタクルは過去の振り返り、ワン
ドは戦っている相手の姿が見えないことから、実は相手は妄想の
中の存在であり、1人相撲をとっているのかもしれません。

ワンドの7
Seven of WANDS

▶マルセイユ版

キーワード 競争心、野心、論争、交渉、成功、トップを維持するための戦い

ストーリー **優位な立ち位置からの戦い**

険しい丘の上で、若い男性がワンドを持ち、眼下から突きあげられるワンドに向かって構える姿勢をとっています。数では相手が優勢ですが、彼は高台の上という有利な立ち位置から応戦していることから、彼の勝利が見えています。高みを目指す野心を象徴し、自分の立場を守るために戦う競争心も意味するカードです。

ポジティブ解釈

圧倒的に優位な立場から、余裕を持って物事を進めることができそうです。手に入れたいものを手にし、守り抜きたいものを守ることができるでしょう。対人や仕事においても、あなたの希望が受け入れられやすくなっています。

ネガティブ解釈

敵によって行く手を阻まれ、問題が生じる可能性が。有利な立場は変わらず、それによってピンチに陥ることはありませんが、誰かから非難される、反発される、揚げ足をとられるなど、わずらわしい状況に陥りそうです。

ソードの7
Seven of SWORDS

▶マルセイユ版

キーワード 計画、試み、願望、口論、失敗する計画、不注意

ストーリー **抜かりない計画で立ち回る**

5本のソードを持ち、抜き足差し足でどこかへ持ち去ろうとする盗人が描かれています。2本のソードが残されているのは、盗みがばれないようにするためのカモフラージュなのかもしれません。人の目をかいくぐっていい思いをする状況を示しますが、それは決して悪事とは限らず、知恵を使って立ち回る器用さを意味することもあります。

ポジティブ解釈

策士のように計画を立てることで、思惑通りに物事を進められそうです。恋愛や仕事においても、正面からぶつかるのではなく、うまく駆け引きすることで嬉しい展開が望めるでしょう。頭を使って、要領よく利益を得られます。

ネガティブ解釈

計画性や策略が人を騙すための行為になりそうです。思い通りに事を運ぶために企むまではいいのですが、相手を出し抜き結果的に欺くことになる可能性も。誠実さを失うと信頼関係の破綻にもつながりかねないので注意。

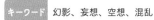

キーワード　幻影、妄想、空想、混乱

カップの7

Seven of CUPS

ストーリー　　幻想に心を奪われる

　雲の上に、月桂冠や蛇など、不思議なものが入ったカップが並んでいます。男性は眼前の光景に心を奪われているのでしょうか。しかし、これは空想的な精神が生み出した架空のものなのです。〈カップの7〉は妄想を象徴するカードで、地に足がついていない状況や、期待ばかりがふくらむ、夢見がちな状態を表しています。

ポジティブ解釈

　理想が高まる時です。期待がふくらみ、未来に胸が弾みそう。恋愛ならば誰かに憧れを抱いたり、相手が実際以上に魅力的に感じられたりするでしょう。希望を持ちアイデアがわいてくるので、精神的には楽しめる状態です。

ネガティブ解釈

　妄想がふくらみ、思い込みの激しさが顕著になります。恋愛では相手に理想を押しつけたり、相手の気持ちを思い込んでしまったりすることも。仕事や金銭面では、現実的でない計画によって失敗することもありそうです。

◀マルセイユ版

7

キーワード　評価前の思案、道のりを振り返る、次への準備、サイクルに従う

ペンタクルの7

Seven of PENTACLES

ストーリー　　成果に対する振り返り

　若い農夫が何かを考えるような姿勢で、植物に実ったペンタクルを見つめる姿が描かれています。その表情は、ここまでの道のりを思って感慨にふけっているようにも見えます。〈ペンタクルの7〉は、成果に対する思案を表すカードであると共に、得たものに対する執着心も意味します。すでに結果が出て、次への準備をする時でもあります。

ポジティブ解釈

　自分が出した成果に、一定の達成感を得られそうです。大喜びするまでの結果ではないものの、ここまではやれた、という自信がつくでしょう。恋愛や対人においては、共に過ごす時間を重ね、成熟した関係性を表します。

ネガティブ解釈

　結果や評価を受けて、労力と比べて満足いかない状態を表します。また、その逆として、自己満足に陥ることも意味します。手にしたものへの執着心も強く、手放すことができないことから、事態は停滞しこれ以上発展しません。

◀マルセイユ版

7

ワンオラクルジャンル別キーワード

		恋愛	仕事	お金	対人	その他
ワンドの7	正位置	あなたが有利に進められる関係、果敢なアプローチ	有利に取引を進められる、条件を受け入れられる	希望通りの利益を得る、とり分が多い	主導権を握る、会話をリードする、グループを引っ張る	優勢な立場、思い通りに事を進める
	逆位置	相手の本心が見えない、恋の進め方がわからない	クレームを受ける、説教される、主張できない立場	あなたの成果・報酬を狙う存在	揚げ足をとられる、フレネミー	指摘される、見えない敵の存在
ソードの7	正位置	相手に気に入られる、駆け引き上手、計画的な恋	計画性がある、うまく進行できる、先を読んで行動	策によって利益を得る、こっそり得をする	人間関係のコントロール、策士、得のある相手	リスク管理、心理戦、コントロールする
	逆位置	いい面しか見せない、ライバルを出し抜く	相手を出し抜く、上辺だけとり繕う、中身がない	詐欺、利益を得るために裏で動く	騙す、ごまかす、隠し事をする、嘘、噂	画策する、ずるをする、八百長、反則行為
カップの7	正位置	理想が高い、恋に恋する、憧れの人	アイデアがふくらむ、先見の明がある	大規模な資金計画、自由に使えるお金が増える	相手を信じすぎている、関係性への過信	理想がふくらむ、期待が大きい、夢見がち
	逆位置	思い込み、相手に理想を押しつける、手の届かない恋	実現不可能な計画、うまい話に誘惑される	とらぬ狸の皮算用、物の価値を見誤る	関係性に誤解が生じる、思い込みで悩む	妄想、幻影に囚われる、現実逃避
ペンタクルの7	正位置	関係性の成熟、2人の関係を振り返る	成果を振り返る、これまでの実績の評価を受ける	納得できる報酬を得る、働きと収入が見合う	築きあげた関係性、友情の成熟	ベストを尽くした、まずまずの達成感を得る
	逆位置	停滞した関係、これ以上の進展がない	結果に対する不満足、まだできることがあった	お金への執着が芽生える、収入への不満	関係への執着、これ以上は踏み込めない相手	手放せない、損をしたくない

《 8 全体のキーワード》

統合　　　　　完成　　　　　安定

秩序　　　　保守　　　　　調整　　　　バランス

《 8 の基本的な意味》

「8」は統合や保守を表す数字で、築いてきた基盤がしっかりとした土台となり、完成した状態を示します。「4」の倍数であることからも、安定感を意味しています。「7」では刷新や発明といった新しいことへの意識がありましたが、「8」ではそれを踏まえたうえで、物事がまとまる様を表しています。

《 8 のカードが表すもの》

ウェイト＝スミス版の「8」のカードにはあまり統一感がないですが、あえて言うとすれば、完成の一歩手前の状態が描かれています。また、物事の終焉を前にして、意識や場所を変えることも示します。偶数でありながら動きの見えるカードもあり、その変化が描かれる形は違えど、変革のタイミングを象徴します。

ワンドの8
Eight of WANDS

 キーワード 吉報、ゴールへの動き出し、幸福への展開、恋の報せ、可能性

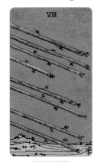

ストーリー 結論へ向かう迅速な展開

広大な大地の上、8本のワンドが同じ角度で矢のように飛んでいく様が描かれています。ワンドは空中を浮遊しているままであるはずはなく、必ず着地すべき進路の終わりへと向かっているのです。〈ワンドの8〉は、ある結末を迎える前の動きを表すカードです。それは、約束された幸福の始まりなのかもしれません。

▶マルセイユ版

ポジティブ解釈

望ましい結果に向かって、いい報せが飛び込んで来る、今後に期待できる展開が始まるなど、明るい兆しがあるでしょう。すでに喜ばしい形で決着がついている可能性も。恋愛でも仕事でも、物事の進展が見られる時です。

ネガティブ解釈

まだ納得ができていないまま、物事は終わりを迎えることになりそうです。抗おうにも抗えず、不本意な結末をただ受け入れることしかできないでしょう。物事の限界が見えるなど、諦めざるを得ない状況も表します。

ソードの8
Eight of SWORDS

キーワード 思考による制御、優柔不断で停滞、変化を迫られる、権力で束縛

ストーリー 自由を奪われ束縛される

目隠しをされ縛られた女性が、8本のソードに囲まれています。ただしその紐は緩く、足元は自由です。一見つらそうな状況が描かれていますが、とり返しのつかない状況ではなく、一時的な束縛状態を示しています。誰かに縛りつけられているのではなく、自分の思考に囚われて不自由な状況に陥っているのかもしれません。

▶マルセイユ版

ポジティブ解釈

思う通りに動けない状況にありますが、現在あなたを不自由にしているのは自分自身。自らの行動によって、そこから抜け出す道は残されているといった状況です。それに気がつくことができれば、事態は変化していくでしょう。

ネガティブ解釈

過去のトラウマや外部からの影響によって、行動が制限されてしまいそうです。そこから抜け出すのも自分次第ですが、自らの意思であえて目隠しをはずそうとはせずに、ストレスを感じる場所に身をおき続けようとします。

キーワード 大した問題ではない、高次元へ の移行、諦める、執着を捨てる

カップの8
Eight of CUPS

ストーリー **執着を手放し次の舞台へ**

　積み重ねられたカップに背を向け、山の方向へと向かって歩んでいく男性の姿が描かれています。カップは彼がこれまで手にしてきたものですが、それらを捨てて、さらなる高みを目指そうとしているのです。〈カップの8〉は、期待はずれでがっかりする状況や、それによって諦めがつき、次のステージを目指す状況を表します。

ポジティブ解釈

　一時的に落胆するものの、割り切ることで新たな可能性に向かっく歩み出せる時です。恋愛でも仕事でも、見切りをつける決断をすることに。また、妄想や理想に浸っていたところから目が覚めて、我に返ることもありそうです。

ネガティブ解釈

　望んで手に入れたものに対して、がっかりしてしまいそう。勝手に理想を抱いていた相手に幻滅したり、憧れの仕事に就けたと思ったら実際は面白みがなかったり。理想と現実の違いに気がつき、気落ちする結果になるでしょう。

◀マルセイユ版

8

キーワード 新技術の初期段階、職人気質、仕事や商売の手腕、集中状態、雇用

ペンタクルの8
Eight of PENTACLES

ストーリー **スキルを磨く向上心**

　まだ見習いの若い職人が、集中した表情でペンタクルを作っています。彼の周りには、これまでに彼が作りあげてきたペンタクルがトロフィーのように並べられています。〈ペンタクルの8〉は、技術を磨くストイックな姿勢が描かれたカードです。力や信頼を得るための熱心な努力や、成長の途中段階を表しています。

ポジティブ解釈

　向上心を持って、自分自身を磨こうと努力できる状態を表します。人間関係においては、相手との関係性の構築に注力するでしょう。仕事では、コツコツと努力することでのちの信頼や実績につながることを表しています。

ネガティブ解釈

　自分の力のなさを自覚して向上心はあるものの、内に閉じこもりがち。頑固で人の意見を聞き入れず、形式ばかりに囚われたり、コミュニケーションをとらなかったりするなど、未熟であるにもかかわらず、頑固さが顕著になります。

◀マルセイユ版

		恋愛	仕事	お金	対人	その他
ワンドの8	正位置	嬉しい急展開、恋の報せ、関係のステップアップ	決着がつく、プロジェクトの終了、結果が形になる	金運の上昇、臨時収入、現金収入	注目を集める、急速に伸が進展する	いい報せ、急展開、スピード感
	逆位置	タイミングを逃す、間が悪くチャンスを得られない	不完全なまま結果が出てしまう、中途半端な仕事	収入の天井が見える、これ以上は利益が出ない	人間関係のトラブル、嫉妬を招く、関係の終わり	納得できない完結、突然終わりを迎える
ソードの8	正位置	盲目的な恋、自己判断ができない	現状に甘んじる、辞められないと思い込む	お金への強迫観念、お金がないことへの不安	人間関係のしがらみに囚われる、ストレスを抱える	悲劇のヒロイン、現状を打開しようとしない
	逆位置	過去の恋愛で負った心の傷、恋愛のトラウマ	仕事による強いストレス、思い通りに進まない仕事	金銭による拘束、束縛、支払いができない	孤立する、助けの手が差し伸べられない	感情的な問題への対処、視野が狭い
カップの8	正位置	諦めがつく、相手に見切りをつける	仕切り直して再スタート、プロジェクトの再始動	お金への執着を手放す、お金より大切なものに気づく	関係に区切りをつける、新たな関係を作り出す	目が覚める、正気をとり戻す
	逆位置	幻滅する、恋の熱が冷める、魅力を感じない	とり越し苦労、思い違い、自分の意見を言えない	お金の使い道を後悔する、罪悪感のある浪費	余計な心配をする、友情への失望	杞憂に終わる、不安に囚われている
ペンタクルの8	正位置	信頼を得る努力、着実な前進をする	修行中、研修、見習い、技術を重視する	貯金、収支計画を見直す、堅実な資金運用	堅実な相手、信頼関係を重視する	向上心がある、打ち込む、地道にとり組む
	逆位置	進展が遅い、未熟な恋、距離が縮まらない2人	形にこだわりすぎる、未熟な仕事、経験不足	なかなか資金が貯まらない、ケチ	頑固、自分の殻に閉じこもる、心を開かない	体裁に固執する、形式的な対応

9

《 **9** 全体のキーワード 》

理想主義　　　人道主義　　　思想

哲学　　　問いかけ　　　熟考

《 **9** の基本的な意味 》

「9」は、理想主義を表す数字です。すべての基盤が整って、すでに環境は十分にできあがっている状態です。そのうえで何ができるかということを考え、誰かのためにと理想的・人道的になったり、さらなる学びを深めようとしたりする状況を表します。哲学的な要素もあり、考えを深めて自己への問いかけをします。

《 **9** のカードが表すもの 》

ウェイト＝スミス版の「9」のカードは、ある意味最も高い地点を表します。「9」は「10」の前の数字であることから、ゴールの一歩手前を示し、十分に成熟した状況です。ここまでの道のりで築いてきたものがあるからこそ、ワンドの守る立場があり、ソードの絶望があり、カップやペンタクルの満足感があるのです。

ワンドの9
Nine of WANDS

ストーリー　　**守りを固めて反抗する**

　怪我を負った男性がワンドを抱え、その背後には、8本のワンドが防御柵のように立てられています。彼は周囲を警戒するような表情で、敵が来るのを待ち構えているのです。〈ワンドの9〉は、追い詰められた状況で耐えること、立場を守ろうとすることを表しています。外部からの攻撃に対する反抗や抵抗も示します。

ポジティブ解釈

　追い詰められた状況でも、何とか持ちこたえられています。たしかに失ったものもあるでしょうが、相当な痛手ではなく、まだとり戻せるはず。傷は浅いので、あまり悲観的にならずに残っている望みに目を向けて。

ネガティブ解釈

　痛手を負ったことから、戦いを諦め、立ち向かう意思をなくしてしまいそう。事態がこれ以上悪くなることを恐れて保守的になったり、立場を守るために保身に走ったりすることも。そのため状況は停滞したままでしょう。

▶マルセイユ版

ソードの9
Nine of SWORDS

キーワード　絶望感、失望感、罪悪感、苦悩、負の連鎖、洞察への妨げ

ストーリー　　**絶望や苦悩に心が囚われる**

　ベッドの上で悲嘆に暮れた女性が両手で顔を覆っています。悪夢に目覚めたのか、苦悩で眠れないのか、深い悲しみや絶望感に苦しむ姿が描かれています。〈ソードの9〉は、頭の中がネガティブな感情に囚われ、進むべき道を失い混乱している状態を表すカードです。これまでに経験したことのない、深い悲しみを象徴します。

ポジティブ解釈

　不安に囚われている状態ですが、それは杞憂である可能性も。実際のところ、まだ何も悪いことは起きておらず、希望がないと思い込んでいるだけかもしれません。客観的になれば、それほどの問題ではないことに気づきそう。

ネガティブ解釈

　実際に別れや損失などの苦しい出来事が起き、頭の中がその苦悩に占められてしまうでしょう。考えれば考えるほどネガティブな方向へ思考が囚われ、さらなる心配事が浮かぶなど、負の連鎖になりがちなので気をつけて。

▶マルセイユ版

キーワード 精神的満足、物質的成功、感覚的喜び、落ち着き、自尊心

カップの9

Nine of CUPS

ストーリー これ以上ない満足感に包まれる

しり顔で大またを広げて腰掛ける、大柄な男性が描かれています。背後のアーチ型のカウンター上にあるのはワインが注がれたカップで、彼の未来が保証されていることを表します。〈カップの9〉は、欲しいものを手に入れ、充足した状況を象徴するカードです。物質的にも満たされますが、特に顕著なのは精神的な満足です。

◀マルセイユ版

ポジティブ解釈

心が満たされ、思わず笑みがこぼれるような喜びを得られるでしょう。恋愛であれば恋人との関係に充足感を得たり、仕事では結果を得られたりするなど、あらゆる成功に恵まれるでしょう。金銭面にも恵まれる兆しがありそう。

ネガティブ解釈

自分の行いや結果に満足していますが、他人の目にはそれがヤボとして映っている可能性があります。相手のためにしたことが本当は喜ばれていない、または成功したと思っていたが実益は大したことがない、ということも。

9

キーワード 達成、成功、夢の実現、物質・金銭面の潤い、利益向上、玉の輿

ペンタクルの9

Nine of PENTACLES

ストーリー 成功により豊かな富を得る

ブドウが豊かに実った庭の中に、手に鷹を乗せた女性が立っています。彼女の所有する土地は広大で、富を得た裕福な人物であることを証明しています。〈ペンタクルの9〉は、物質的な豊かさと成功を象徴するカードです。また、経済的に潤うことで精神的にも余裕のある状態や、そのような人物像を表します。

◀マルセイユ版

ポジティブ解釈

何かを達成することによって精神的・物理的満足感を得られるでしょう。努力が実ったり、実質的な利益をもたらしたりすることもありそう。それは自分自身の成功であり、自分の実力によって得たものです。玉の輿の暗示も。

ネガティブ解釈

物質的に満たされているものの、それゆえ享楽的な側面が顕著になります。贅沢三昧でその場の楽しみに時間を費やしてしまうことも。また、利益だけを追求する、付き合う相手に条件をつけるなど、何事も損得勘定で判断しがちに。

9

 ワンオラクルジャンル別キーワード

		恋愛	仕事	お金	対人	その他
ワンドの9	正位置	ギリギリでつながっている関係、別れそうで別れない	ピンチから何とか脱する、間一髪でミスを防ぐ	損害はそれほどではない、ギリギリの帳簿	関係性をつなぎとめようとする	最小限の被害で済む、傷はまだ浅い
	逆位置	アプローチできない、停滞した関係	自己保身で仕事をする、諦める、事業の撤退	金銭的な困窮、資金不足に耐える	心から信用できない、相手を探ろうとする	変化を恐れて動けない、成長しない
ソードの9	正位置	恋愛への絶望、別離、ショックな出来事	失敗への絶望、大きなミスをする、残念な結果	損失が出る、金銭的絶望感、貯金が減る	人間関係への苦悩、距離ができてしまう	結果に対する絶望、苦悩、冷静な視点を失う
	逆位置	希望がないと思い込む、恋愛における被害妄想	失敗を恐れて何もできない、批判やクレームを恐れる	まだ出ていない損失を恐れる、将来のお金への不安	人間関係に臆病になる、関係を深められない	何か起こる前から悲観する、ネガティブ思考
カップの9	正位置	関係性に満足する、想いが実を結ぶ、充実した恋愛	成功を収める、利益をあげる、周囲から認められる	経済的に豊か、先の収入への大きな期待	称賛される、リラックスした関係	精神的な満足、欲しいものを手に入れる
	逆位置	自分に酔っていて相手は満足していない	自己満足の成功、客観的に自分の仕事を見られない	経費を抜くと利益はそれほどでもない	持ちあげられる、お世辞、社交辞令、とり繕う	一時的な満足感、自分本位、独りよがり
ペンタクルの9	正位置	玉の輿、余裕のある相手、魅力的な相手	事業の成功、実力で勝ちとる、抜擢される	裕福、金銭的に満たされる、欲しいものが手に入る	価値観の合う相手、余裕のある交際	物質的にも精神的にも満たされる
	逆位置	条件だけで相手を選ぶ、打算的な恋愛	利益のためだけの仕事、損得勘定	贅沢三昧、金銭主義、刹那的な浪費	利害関係のある相手、都合よく利用する	快楽主義、欲に溺れる、遊び回る

10

《**10**全体のキーワード》

一定のゴール　　　　　　再出発

サイクル後の
新しい始まり

《**10**の基本的な意味》

「10」は数秘術には存在しない数字で、「1」と「0」を足すと「1」であることから、「1」と同義であると考えます。「10」は完成を表す意味では偶数の性質を持ちながら、新たな始まりという意味では奇数の「1」の性質も持ちます。一通りのサイクルを経験したうえでの再出発を表す数字です。

《**10**のカードが表すもの》

ウェイト＝スミス版の「10」のカードは、ヌーメラルカードの最後を飾ります。各スートが1から9までに繰り広げた、それぞれストーリーの最終回です。ワンドは積み重ねてきたものによる重圧、ソードは苦しみを抱えた限界の状態、カップは達成による幸福な結末、ペンタクルは次の世代への継承や永続性を描きます。

ワンドの10
Ten of WANDS

自分から重荷を背負う、責任、成功による重圧、豊かさの代償

ストーリー **重圧に耐えながら歩みを進める**

10本のワンドを抱え込み、やっとの思いで歩みを進める男性の後ろ姿が描かれています。彼は自分が運ぶ荷物の重さに圧迫され、必死な状況にあるようです。〈ワンドの10〉は、重い責任を背負ってプレッシャーを感じる状態を表すカードです。苦労は相当なものですが、それはこれまでに得たものや成果による代償かもしれません。

▶マルセイユ版

ポジティブ解釈

重圧を感じる状況の中で、何とかそれをこなす余力がありそうです。悪戦苦闘しながらも耐え忍び、与えられた課題を克服することができるでしょう。つらいけれどもまだ一歩踏ん張れるような、根性を発揮するタイミングです。

ネガティブ解釈

重たいプレッシャーに押しつぶされそうな状況です。苦労して行ったことが報われなかったり、責任を押しつけられたりして、強いストレスと疲労を感じるでしょう。対人では、相手との関係を負担に感じています。

ソードの10
Ten of SWORDS

キーワード 苦痛、苦悩、悲しみ、荒廃、感情が肉体を貫いた状態

ストーリー **肉体を貫くほどの苦悩**

うつ伏せに倒れ込んだ人物の背に、10本のソードが突き刺さっています。ただしこのカードが表すのは、暴力などによる死ではなく、精神的な痛みが肉体を貫いている状態です。すでに限界を迎えた状態を示し、これ以上打つ手はないのかもしれません。しかし、漆黒の闇もやがて明け、新しい朝はやってきます。新たな始まりはすぐそこに。

▶マルセイユ版

ポジティブ解釈

限界を迎えた末に、事態は一度ゴールを迎えるでしょう。それが一区切りとなって、休息をとる、または仕切り直すタイミングが来たようです。これまでの苦痛や失敗からは切り替えて、新たなスタートを迎えましょう。

ネガティブ解釈

耐えきれない苦痛を感じ、これ以上はどうにもできない状況にあります。過労から肉体に影響が出てしまったり、精神的なストレスが限界になったりすることも。まさにどん底の状態で、打ちのめされて身動きがとれなくなりそう。

キーワード　達成による満足、安定した幸福感、完全な愛情と友情、休息

カップの10
Ten of CUPS

ストーリー　**周囲と分かち合う喜び**

　空には10個のカップが並んだ虹がかかり、その下には歓喜する夫婦の姿があります。すぐそばでは2人の子どもが手をとり合って踊り、幸福感に満ちあふれた情景が描かれています。〈カップの10〉は、家族や集団としての喜びや、仲間意識を象徴するカードです。個人の幸福ではなく、皆が得られる満足感を表します。

ポジティブ解釈

　家族や社会におけるコミュニティにおいて、周囲の人と共に喜びを感じられる出来事がありそうです。家族や恋人、友人との円満な関係や、集団の中で得られる一体感に幸福を覚えるでしょう。喜びを分かち合えそうです。

ネガティブ解釈

　中身が伴わない、表面的な幸福に虚しさを感じそう。一見うまくいっているようでも、実際はとり繕われ、虚飾に満ちている状態です。また、集団における連帯感がネガティブに作用し、個性が尊重されない状況も表します。

◀マルセイユ版

10

キーワード　物質的な安定と満足、永続性、繁栄、相続、財産、家族の問題

ペンタクルの10
Ten of PENTACLES

ストーリー　**継承される富と伝統**

　立派な屋敷の入り口であるアーチの下に、男女と子どもの姿があり、手前には犬と向かい合う老人が腰掛けています。様々な年齢の人物が描かれた〈ペンタクルの10〉は、家族や血族を象徴するカードです。家族の繁栄、受け継がれる財産のイメージから、安定した生活や裕福さ、または継承も表しています。

ポジティブ解釈

　家族との関係に幸福感を得られ、また、家族以外の人間関係でも喜びを感じられるでしょう。また、財産や伝統など、継承されてきたバトンを受けとるようなこともありそうです。経済的にも安定し、穏やかな状況を表します。

ネガティブ解釈

　相続問題など、家の財産に関する問題が浮上しそう。または、集団において受け継がれてきた、保守的な悪しき習慣によって不利益を被ることもあるでしょう。家族関係でのトラブルや、それによる困難に悩まされる可能性も。

◀マルセイユ版

10
ワンオラクルジャンル別キーワード

		恋愛	仕事	お金	対人	その他
ワンドの10	正位置	相手を負担に感じる、重荷になる恋愛	仕事の責任を負う、疲労、プレッシャーをかけられる	金銭的に負担を負う、多大な出費	押しつけられる、損な役回り、ストレスを感じる相手	重圧に押しつぶされそうな状態
ワンドの10	逆位置	相手に対する責任を果たす、責任感で付き合う	重圧を克服する、オーバーワークを何とかこなす	ギリギリの中でやりくりする、お金がなくて動けない	面倒な相手をいなす、話を受け流す	重圧に対して耐えようと踏ん張る
ソードの10	正位置	恋の痛み、関係に限界がくる	過労、パンクする、肉体的なストレスが限界に	お金の不安に苛まれる、心配な資金計画	人間関係に疲れる、ストレスを感じる相手	疲れが身体に出る、休息が必要な状態
ソードの10	逆位置	関係に終止符を打つ、関係の再構築	休養をとる、やり切った、仕切り直し	資金計画を白紙に戻す、お金の呪縛からの解放	関係を解消する、疎遠になる	すべてを手放す、身辺整理をする、執着がなくなる
カップの10	正位置	円満な関係、幸せを実感できる恋	組織としての成功、チームワークが功を奏す	十分な資金がある、お金よりも心の豊かさに気づく	喜びを分かち合う、一体感、家族円満	集団としての幸福、共同体、福徳円満
カップの10	逆位置	とり繕った幸せ、仮面夫婦、本心はわからない	個人の評価がされない、連帯責任	お金があるがゆえの家族間での揉め事	上辺だけの関係、排他的、自分と相手を同一視する	中身が伴っていない、偽装、見せかけ
ペンタクルの10	正位置	結婚、家族としての付き合い、関係が続いていく	家族経営、後継者、業務を引き継ぐ、伝統	家の財産、遺産継承、土地を受け継ぐ	長年の付き合い、家族団欒、コミュニティの繁栄	継承、永続性、世襲、伝統を重んじる
ペンタクルの10	逆位置	家族のことが障害となる、家族からの反対	御家騒動、後継者トラブル、引き継ぎがうまくいかない	遺産問題のトラブル、コミュニティ間の金銭問題	冗長な関係、コミュニティ内で起きる問題	悪しき習慣が引き継がれる、ローカルルール

ペイジ

《 ペイジ 全体のキーワード 》

年少者	純粋	未熟さ

危なっかしい	柔軟	初期段階

ペイジ

《 ペイジ の基本的な意味 》

「ペイジ」とは小姓・従者のことであり、屋敷に仕える少年を表しています。まだ成熟していない若者であることから、「ペイジ」は未熟さや純粋無垢な心、それゆえの心許ない危うさの象徴です。物事においては始まったばかりの段階であり、物事を学んでいく見習いとしての立場や、新たな意識の芽生えを示します。

《 ペイジ のカードが表すもの 》

ウェイト＝スミス版の「ペイジ」のカードは、コートカードにおける始まりのカードであり、未熟な存在として描かれています。彼らの表情はまだどこか幼く、ワンドは情熱、ソードは思考、カップは感情、ペンタクルは実力などが発展途上の状態にありますが、向上心を持ちこれから成長していく可能性を秘めています。

ワンドのペイジ
PAGE of WANDS

キーワード 潜在的な可能性、新しいアイデア、若い意志、志

PAGE of WANDS.

▶マルセイユ版

ストーリー 情熱の芽生えと意欲

　自分よりも背の高いワンドを見あげる少年の姿が描かれています。彼が身につけている服には、四元素の火を司るサラマンダーが描かれ、彼の情熱の灯火を表しているようです。〈ワンドのペイジ〉は、新たな情熱の芽生えや新鮮なアイデアを象徴します。未来に希望を抱いている状態や、熱意にあふれた純粋さを表します。

ポジティブ解釈

　新たな目標ができる、夢中になれるものを見つけるなど、未来に対する向上心が強くなります。確実性の有無やリスクは問わずに、希望だけを見て積極的なアクションを起こしたくなるでしょう。嬉しい報せを受ける暗示も。

ネガティブ解釈

　経験不足であるがゆえに怖いもの知らずで、危なっかしい行動を起こしそうです。深く考えずに身体が先に動くことで失敗をもたらしたり、未熟さがわがままな子どもっぽさとして顕著になったりすることもあるでしょう。

ソードのペイジ
PAGE of SWORDS

キーワード 抜け目のなさ、用心深い、考えすぎ、孤立、計算高い

PAGE of SWORDS.

▶マルセイユ版

ストーリー 周囲を警戒し身構える

　晴天の下、風が吹く高台のような足元の不安定な場所で、ソードを両手で構えながら周囲を警戒する少年の姿が描かれています。ただしその手元を見るとどこかおぼつかなく、正しい持ち方もまだ心得ていないのかもしれません。〈ソードのペイジ〉は警戒や注意深さを表すと共に、計算高さや小賢しさを象徴するカードです。

ポジティブ解釈

　分析力が高まり、情報収集や戦略を立てるタイミングに向いています。感性が鋭敏なので、機微を読みとって相手の本心を探ることができたり、ユーモアのセンスが光りその場を盛りあげたりすることができるでしょう。

ネガティブ解釈

　考えが浅薄で、言葉や行動に軽率さが表れます。口達者に見えても、薄っぺらく実情が伴っていません。自分の利益のために人を出し抜こうとする意図を隠し通せず、下手に表れてしまいそう。狡猾さが顕著になります。

キーワード 夢見る人、淡い気持ちを抱く、理想主義、ピーターパン症候群

カップのペイジ
PAGE of CUPS

PAGE of CUPS.

ストーリー　**感性豊かで理想が高まる**

　少年が右手にカップを持ち、その中から顔をのぞかせる魚と見つめ合う姿が描かれています。彼は色白で中性的であり、その穏やかな表情はどこか人懐っこさを感じさせます。彼は高い理想や憧れを抱き、優しく純粋な心を持っています。〈カップのペイジ〉は、ロマンティストで夢見がちな人物や状況を表すカードです。

◀マルセイユ版

ポジティブ解釈

　夢や希望がふくらむ状態や人を表します。物事に対する明るい理想を持ち、仕事や勉強には熱心にとり組めるでしょう。恋愛ではロマンティストな相手との出会いや、柔和な雰囲気を持つ癒やし系の相手を表すことも。

ネガティブ解釈

　理想だけが募って現実を見られていない、または現実逃避的になっている状態です。地に足がつかず、決断力に欠けたり、悪い部分に焦点を当てられていなかったりします。夢と理想の乖離が激しく、バランス感覚がありません。

ペイジ

キーワード 習得への没頭、堅実的、保守的、安定感、準備が整う

ペンタクルのペイジ
PAGE of PENTACLES

PAGE of PENTACLES.

ストーリー　**確立への向上心と勤勉さ**

　ペンタクルを両手で掲げ、熱心に見つめる少年の姿が描かれています。彼はゆっくりと移動を続けていますが、目の前のペンタクルに没頭するあまり、周りのことは見えていない様子です。〈ペンタクルのペイジ〉は、堅実でまじめな人物や、物事を身につけたい、確立させたいという物事への向上心を表すカードです。

◀マルセイユ版

ポジティブ解釈

　基盤を安定させたい、スキルをものにしたいという思いが強くなっています。学ぶ姿勢だけでなく、対人においても対象に対して真摯な態度や人物像を示します。地道にしっかりととり組むことで、基礎を固められるでしょう。

ネガティブ解釈

　技術的には未熟でありながら、形へのこだわりが強くなったり、自分のスキルを過信したりしてしまいそうです。知識は習得していても、実践的な経験は伴わず、頭でっかちな人物や、そのような状況を表します。

ペイジ

ワンオラクルジャンル別キーワード

		恋愛	仕事	お金	対人	その他
ワンドのペイジ	正位置	夢を持っている相手、積極的なアピール	目標を立てる、向上心を持って仕事にとり組む	お金を稼ぐ意志が芽生える、お金の目標を持つ	報せを受ける、メールが来る、目標を持っている人	将来性がある、情熱が原動力、やる気がみなぎる
	逆位置	押しの強い相手、闇雲に気持ちをぶつける	向こう見ずな計画、仕事に対する考えが浅い	経済基盤ができていない、無理のある資金計画	嫌な報せを受ける、怖いもの知らずな人	身体が先に動く、衝動的な行動
ソードのペイジ	正位置	相手の気持ちを探る、ユーモアがある相手	分析力を活かす仕事、調査する、情報収集能力を発揮	収支計画を立てる、お金に関する情報収集	世渡り上手、会話が盛りあがる、ほどよい距離感	鋭敏な感性、観察眼がある、アンテナを張る
	逆位置	口先で口説く、計算高い相手、気持ちを試す	緊張感のある仕事、ピリピリした空気の職場	計算高く利益を得ようとする	相手を出し抜く、ずる賢い人、本心を言わない人	浅はか、軽薄、小賢しい、考えが足りない
カップのペイジ	正位置	理想が高い、少年の心を持つ人、ロマンティックな恋	仕事に集中する、勉強熱心、仕事に理想を見る	お金の勉強、収入を得ることへの喜びを知る	学友、趣味の友達、些細なことで笑い合える関係	志が強い、純粋、遊び心がある
	逆位置	大人になり切れない相手、頼りがいがない相手	完璧主義だが実力が伴っていない、決断できない	現実離れした計画、お金に関する知識が足りない	馴れ合い、子どもっぽい付き合い、頼られない	夢見がち、夢想家、成長できない
ペンタクルのペイジ	正位置	堅実な相手、まじめなお付き合い	確立させたいという思い、仕事に没頭、習得への熱意	学びへの投資、貯蓄や積立への第一歩	信頼できる相手、誰かの役に立ちたいという思い	形から入る、何かを確立させる
	逆位置	頭でっかちな相手、恋に理性的すぎる	裏方に徹する、技術が追いつかない、作業に追われる	浪費する、道楽、どんぶり勘定で無駄遣いをする	他人を信頼することができない	危なっかしい、自分の力を過信する

ナイト

《 ナイト 全体のキーワード 》

同年代	前進	物事が動いて いる状況
活発	勢いがある	成熟している

《 ナイト の基本的な意味 》

「ナイト（騎士）」とは、主に中世における騎馬で戦う者を示します。「ペイジ」よりも成熟し、経験を重ねているため知識や実践力も持っています。まさに物事を進めている段階を表し、活動的で勢いがある状態です。現在進行形で動いているため、現役でエネルギッシュな人物像や、変化や行動力を示します。

《 ナイト のカードが表すもの 》

ウェイト＝スミス版の「ナイト」のカードは、馬にまたがる姿が描かれているのが特徴です。彼らは積極的で行動力があり、力がみなぎっています。ワンドは前のめりの姿勢、ソードは疾走感、カップは友愛や愛の伝達者としての姿、ペンタクルは着実な前進が描かれ、いずれも目標へ向かって進み続けています。

ワンドのナイト
KNIGHT of WANDS

キーワード　エネルギーがあふれる、考える より行動派、せっかち、出発

KNIGHT of WANDS.

▶マルセイユ版

ストーリー　**情熱にあふれ行動的な精神**

　鎧姿でワンドを持ち、馬に乗る騎士が描かれています。先を急ぐかのように、雄々しく前脚をあげる馬の姿は、彼が持つスピード感や前のめりな姿勢を表しているかのようです。〈ワンドのナイト〉は、チャレンジ精神旺盛で、素早い行動や決断をする人物像を象徴し、目的に向かって前進していく段階を表します。

ポジティブ解釈

　物事が一気に展開していくでしょう。目的意識を持って、そこに向かってどんどん駆け出すことができそうです。情熱が高まりやる気に満ちあふれているため、恋愛でも仕事でも、一途に自分を売り込めるでしょう。

ネガティブ解釈

　勢いはあるものの、前のめりになるあまりにフライング気味になりがち。強引さが顕著になり、独断で進んだ結果、周囲との軋轢を生む可能性もあります。スピード感はあっても脇が甘く、ボロが多いということも。

ソードのナイト
KNIGHT of SWORDS

キーワード　手腕、勇気、頭脳明晰、強い集中力、抵抗

KNIGHT of SWORDS.

▶マルセイユ版

ストーリー　**高い集中力で疾走していく**

　勢いよく敵を蹴散らかすかのように、騎士が全速力で馬を走らせています。白い馬で颯爽と駆ける姿は、急いで誰かを助けに行こうとしているようにも見えます。〈ソードのナイト〉は清らかで私欲のない、正しい心の持ち主として描かれています。頭の回転の速さや、論理的な思考を象徴するカードです。

ポジティブ解釈

　物事をジャッジする能力に優れ、状況を的確に判断することができそうです。集中力が高まり、チャンスを見逃さずに的確な行動で物事が進んでいくでしょう。あなたを助けてくれる人が現れるという解釈もできます。

ネガティブ解釈

　ソードは権力を表すことから、立場や権力を使って、自説を押し通そうとする面が顕著になります。その強引さで敵を作ってしまったり、ミスを犯してしまったりすることも。攻撃的になり、威圧的な人物として見られてしまいそう。

伝達者の到来、進展、潜在意識
からのメッセージ、白馬の騎士

カップのナイト
KNIGHT of CUPS

ストーリー **志高くメッセージを伝える**

翼の・ついた兜を被り、白馬に乗った騎士が川を渡ろうとする場面が描かれています。背筋を伸ばした優美な姿は、彼が思慮分別に長け、高い意識を持つ人物であることを表しています。〈カップのナイト〉は愛の伝達者とも解釈されることから、気持ちを届けることや、周囲に心を配り誰かを助けることも表すカードです。

KNIGHT of CUPS.

◀マルセイユ版

ポジティブ解釈

感情が豊かになり、共感力や人助けの精神に満ちています。人の気持ちを汲んでサポートすることができるため、対人においては絆を深めることができるでしょう。また、そういった人物があなたを助けてくれるとも解釈できます。

ネガティブ解釈

人の心の機微を汲みとれる面を悪く利用して、相手をコントロールしようとする面が顕著になります。相手の気持ちにつけ込んだり、嘘をついて相手を支配しようとしたりすることも。感情を操るあざとさが見受けられます。

ナイト

忍耐力、責任感、堅実、建設的、
正直、野心家

ペンタクルのナイト
KNIGHT of PENTACLES

ストーリー **責任感を持って着実に歩む**

どっしりとした黒馬にまたがり、正面を見据える騎士が描かれています。静止しているようにも見える通り、その歩みは慎重で、彼の忍耐強く堅実な性格を表しているようです。〈ペンタクルのナイト〉は、責任感が強く完璧主義である人物や、大地を踏みしめていくような、確実な道のりを象徴するカードです。

KNIGHT of PENTACLES.

◀マルセイユ版

ポジティブ解釈

粘り強さがあり、何事に対しても諦めずに向き合うことができるでしょう。用心深く、その結果が表れるまでには時間を要しますが、安定的な基盤を築くことができるはず。実直で嘘のない人物との縁もつながるかもしれません。

ネガティブ解釈

慎重さから、物事の進展は望めません。頑固で自分のやり方に固執するため、寛容性がなく人との間に距離ができてしまいそう。動きが鈍く、判断にも時間がかかるため、時期を逸したり1人で抱え込んでしまったりする可能性も。

ナイト

ワンオラクルジャンル別キーワード

		恋愛	仕事	お金	対人	その他
ワンドのナイト	正位置	進展が早い、相手の熱意を感じる、行動力のある男性	仕事を勝ちとる、営業力がある、勢いで仕事をする	金銭における早い決断、デイトレーダー	パワフルな人、積極的なコミュニケーション	スポーツマン、常に動いている
	逆位置	せっかちな相手、強引なアタック	強引な手法、独断で仕事を進める、ケアレスミス	ギャンブルにお金を使う、衝動的な無駄遣い	協調性がない、周囲との決裂、意見を聞き入れない	焦りがある、ワンマン、落ち着きがない
ソードのナイト	正位置	助けてくれる人、頭の回転が速い男性	仕事に集中する、判断力が冴える、頭脳を活かす	的確な状況判断で利益を得る	人を助ける、会話のスピードが早い	能動的に動く、公平な決断、テキパキとした働き
	逆位置	強引な相手、焦って恋を進めようとする	権力を盾にする、辛辣な意見、理詰めする	ずる賢く利益を得る、自分の利益のみを考える	協調性がない、攻撃的、高圧的な人	独断的、強引な手腕、自分勝手な考え
カップのナイト	正位置	助けてくれる人、感情豊かな相手、告白	根回し上手、人脈を利用して成功する	思い通りにうまく投資ができる	感情移入、相談に乗る、サポートする	情報伝達、意識が高い、広い人間関係
	逆位置	嘘がある、相手を利用した恋、上辺の言葉	仕事に情を挟む、泣き落とし、浅薄な意見	趣味にお金をつぎ込んでしまう	情に訴えかけてコントロールする、悪気なく嘘をつく	言葉による支配、二枚舌、コネを使って得をする
ペンタクルのナイト	正位置	堅実な相手、正直な男性、地道に進む恋	確実な仕事をする、管理能力がある	損をしない、賢いお金の使い方	実直に人間関係と向き合う、まじめな人	野心が強い、志が高い、用心深い
	逆位置	プライドが高い、鈍い相手、好意が伝わらない	石橋を叩いて進むことができない、ワーカホリック	損をしたくない、慎重なあまりお金を使えない	他人に相談できない、頑固な人、一匹狼	完璧主義、進展しない、腰が重い

クイーン

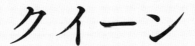

《クイーン全体のキーワード》

愛	情がある	物事が 定まっている
決着	静観する	不動

《クイーンの基本的な意味》

「クイーン」は成熟して、落ち着いた大人の女性を示します。物事の段階としては決着がつく時、決断を下す時であり、「キング」と同様、事態を静観している状態です。「クイーン」は女性性を示すため、やや受動的な側面が見られます。各スートで、母性のあり方や女性としての人となりの特徴があります。

《クイーンのカードが表すもの》

ウェイト＝スミス版の「クイーン」のカードは、いずれも玉座に腰掛ける女王の姿が描かれています。彼女たちは権威を持ちながらも、愛があり、情に深く、母性的な人物です。ワンドは懐の深さや信頼感、ソードは意志の強さや聡明さ、カップは献身的な姿や優しさ、ペンタクルは寛大な姿勢が表れています。

ワンドのクイーン
QUEEN of WANDS

QUEEN of WANDS.

▶マルセイユ版

ストーリー **気高く堂々とした姿**

　右手にワンドを、左手には太陽を象徴するひまわりを持った女王が腰掛けています。彼女は王に匹敵するような高い能力を持ちながら、より人を惹きつける魅力があります。〈ワンドのクイーン〉は、高潔でありながらも、気どらない人物像を表します。自信があり堂々としていて、それでいて世話焼きな人となりです。

ポジティブ解釈

　魅力が高まり、周囲の人を惹きつけるでしょう。明るく正直な姿によって、周囲に好感を持たれそう。行動力もあるため、能動的な働きで成功を収められるはず。恋愛であれば女性側が優位な状態で、相手をリードしていけそう。

ネガティブ解釈

　親切心が過剰になり、押しつけがましいお節介と受けとられることが。また、自分が一番でいたい思いが強くなるため、恋愛では嫉妬心が顕著になることも。自己中心的な行動や、出しゃばりと思われかねない行動は控えて。

ソードのクイーン
QUEEN of SWORDS

QUEEN of SWORDS.

▶マルセイユ版

ストーリー **悲しみを知るがゆえの厳しさ**

　女王は右手に持つソードを垂直に掲げ、来る者を歓迎するかのように、ロザリオをかけた左の手のひらを天に向けています。彼女の表情には慈悲が見られませんが、その厳しさは内に悲しみを秘めているゆえなのかもしれません。〈ソードのクイーン〉は、感情を表に出さないものの、聡明で強い意志を持つ女性を表します。

ポジティブ解釈

　冷静な判断ができるので、恋愛では浮くことなく、相手と向き合うことができます。状況をよくするためならば、感情を抜きにして合理的な選択をしたり、言いにくいことを率直に伝えたりすることもできるでしょう。

ネガティブ解釈

　厳正さが過剰になると、無慈悲で冷酷な態度から孤立してしまいそうです。相手に本心を見せられないため、誤解されたりトラブルを招いたりすることもあるでしょう。何事も否定的に捉えてしまい、批判的になりがちです。

キーワード 献身的、感受性豊か、優れた洞察力、味方になってくれる人物

カップのクイーン
QUEEN of CUPS

ストーリー **感受性豊かに愛を注ぐ**

色白で儚げな女王が、カップの中に幻想を見るかのように見つめています。彼女は夢想的でありながら、行動力も持ち合わせ、それを夢の原動力としています。〈カップのクイーン〉は情緒的で心優しく、繊細な女性を表します。高い洞察力がありますが、それは相手への共感や、気遣いにおいて発揮されます。

QUEEN of CUPS.

◀ マルセイユ版

ポジティブ解釈

相手を包み込むような愛情が高まっています。恋愛や対人では献身的になり、共感力を発揮し関係が深まるでしょう。洞察力を活かして、本質を見極めることもできそうです。味方になってくれる人物の登場を示唆することも。

ネガティブ解釈

献身的な面や対象への愛情が過剰になると、「あなたのために」という優しさを持って相手をコントロールしようとします。相手を縛り、過干渉な面が顕著になることも。感受性の強さから、情緒不安定で感傷的になりそう。

クイーン

・・・

キーワード 寛大さ、優れた助言者、信頼と安定、分かち合う気持ち

ペンタクルのクイーン
QUEEN of PENTACLES

ストーリー **堅実で深い懐を持つ**

黒髪の女王が、ひざの上のペンタクルを見つめています。彼女は高い知性と優れた洞察力を持ち、物事の本質を見抜こうとしているのです。〈ペンタクルのクイーン〉は、堅実で経済観念があり、信頼のおける女性を表します。物質的に豊かさがあり、それらを分け与えることのできる懐の深さもあります。

QUEEN of PENTACLES.

◀ マルセイユ版

ポジティブ解釈

地に足がついていて、人間関係や仕事、金銭面でも堅実な判断ができ、信頼を得られるでしょう。誰かを支えたり、教え育てたりすることにも能力を発揮します。また、力を貸してくれる頼もしい人物の登場を意味することも。

ネガティブ解釈

安定を求めるあまりに、こだわりの強さが顕著になります。身を固めたい思いから結婚を焦ったり、仕事や金銭面では利益への執着心が強くなったりするでしょう。完璧主義なところから、細かく人に口出ししてしまうことも。

クイーン

ワンオラクルジャンル別キーワード

		恋愛	仕事	お金	対人	その他
ワンドのクイーン	正位置	包容力のある女性、情熱的に愛する、女性優位	確実な成功を遂げる、積極的な働きぶり	経済的、金銭への愛着心、家計の管理	周囲を惹きつける、自己の確立、世話を焼く、気遣い	率先して行動する、相手あっての自分
	逆位置	お節介に思われる、嫉妬、好意の押しつけ	リーダーシップの欠如、余計なことをする	極端な節約主義、周囲に節約を強いる	プライドの高い人、善意の押しつけ	自己中心的な行動、強引さ、自己顕示欲
ソードのクイーン	正位置	きっぱりした女性、恋より仕事、相手を厳しく見る	合理的な判断、キャリアを重視する	分析的な収支の判断、資金計画を明確にする	相手のために苦言を呈す、強い意志を持つ人	厳格、知性、何かを決意している
	逆位置	相手に本心を見せられない、二面性がある	業務上での冷酷な判断、厳しい指摘	お金や資産への執着、お金にうるさい	強がる、相手を批判する、孤立する、毒舌な人	内に悲しみを抱えている、トラウマがある
カップのクイーン	正位置	上品な女性、相手に尽くす、献身的な愛	洞察力やセンス活かす、夢のために行動する	金銭的な満足感、将来への金銭的な安心感	共感する、相談に乗る、味方になってくれる	本質を見抜く力、神秘的な雰囲気
	逆位置	束縛、嫉妬、相手を支配する、愛情に不安がある	優柔不断になる、仕事に私情を挟む	お金への欲求が強まる、収入への不満が高まる	依存する、過干渉な人、首を突っ込む	過保護、情緒不安定、繊細で感受性が強い
ペンタクルのクイーン	正位置	信頼できる女性、相手を支える、内助の功	堅実な仕事ぶりで評価される、知性を活かす	裕福、経済観念がしっかりしている	信頼関係を築く、アドバイスをする、安定した関係	現実的な判断、地に足がついている
	逆位置	恋愛への過度な期待と焦り、お堅い女性	収入や成功への強い欲求、やり方にこだわりすぎる	拝金主義、浪費家、利益のみを追い求める	損得感情での付き合い、頭の固い友人	細かい、こだわりが強い、世間体を気にする

キング

《 キング 全体のキーワード 》

権限を持つ　　人を動かす　　物事が
定まっている

決着　　　　静観する　　　不動

《 キング の基本的な意味 》

「キング」は経験豊富で、名誉や権力を持った大人の男性を示します。「クイーン」と同様に、物事が終結し最終地点に到達している時や、結果が出て静観している状態を表します。「キング」は男性性を示すため、「クイーン」と比べて能動的です。各スートごとで統治する王としてのあり方には違いがあります。

《 キング のカードが表すもの 》

ウェイト＝スミス版の「キング」のカードは、「クイーン」同様、いずれも玉座に腰掛ける王の姿が描かれています。彼らは精神的にも物理的にも満たされていて、国を統治する実権力、優れた判断力を持つ人物です。それぞれ、ワンドは良心的、ソードは論理的、カップは包容力、ペンタクルは安定性が特徴の王です。

ワンドのキング
KING of WANDS

キーワード 権限、イニシアチブ、創造的精神、世俗的、良心的、地方人

ストーリー 力強く寛大な心を持つ

ワンドを手にし、玉座に腰掛ける王。椅子の背もたれには、火の象徴であるライオンとサラマンダーが描かれています。権力を持ちながらも彼は世俗的で、民衆から親しみを寄せられる王です。〈ワンドのキング〉は、行動力のある良心的な男性を表します。力強さがあり、何かを創造する意欲にもあふれています。

▶マルセイユ版

ポジティブ解釈	ネガティブ解釈
存在感が高まり注目されやすいでしょう。自信を持って何事にもとり組むことができ、創造意欲にあふれています。人当たりのよさと、カリスマ的なリーダーシップを発揮して人望を集め、仕事もスムーズに運ぶでしょう。	強引さが顕著になり、リーダーシップが独裁性として表れます。周りが見えておらず、精神論を振りかざしたり、価値観を押しつけたりしてしまうことも。また、情の厚さから人に利用され、騙されやすい面もあります。

ソードのキング
KING of SWORDS

キーワード 明晰な思考、論理的な考え、権威、法律、裁判に関すること

ストーリー 聡明さと論理的な思考能力

まっすぐに前を見据え、ソードを持つ王が腰掛けるのは、〈正義〉のカードに描かれているのと同様の意味合いを持つ椅子です。これは、彼が権力執行において最高の地位にいることの象徴です。〈ソードのキング〉は、論理的で公正な判断をする人物を表すカードです。何が起きても冷静に対処できる聡明さと、迅速な対応力を持っています。

▶マルセイユ版

ポジティブ解釈	ネガティブ解釈
的確な分析と判断ができる時です。恋愛や対人においても、相手を見極める目が冴え、落ち着いた付き合いに縁があるでしょう。感情を抜きにして高みを目指すため、利益を得たり好条件のものを手に入れたりできそうです。	合理的な部分が、周囲の目には冷酷な人として映りそう。無慈悲に誰かを見捨てたり、威圧的な態度で人を傷つけたりしてしまうことも。人の気持ちを推し量れずに、自分だけでなく人にも厳しくしてしまいがちです。

優れた知性、同情心、表現者、優柔不断、宗教者、ヒーラー

カップのキング
KING of CUPS

KING of CUPS.

◀マルセイユ版

ストーリー **寛大で情に深い心**

　右手に大きなカップ、左手に杓を持った王が、海に浮かぶ玉座に腰掛けています。背後で船が浮かび、シイラが泳ぐ大きな海は、彼の包容力を表しているようです。〈カップのキング〉は、温厚で面倒見がよく、大らかな人物像を示しています。知性と傾聴力があり、相手に寄り添うことのできる情の深い人となりです。

ポジティブ解釈

　人の心を掴むのがうまく、共感力や傾聴力を発揮して相手の懐に入りやすいでしょう。恋愛や対人では相手との距離が深まります。仕事においても協力者が現れたり、誰かを味方につけることで有利に進められたりしそう。

ネガティブ解釈

　感情に訴えかけるなど、人の心を利用して、マインドコントロールのように相手を意のままにしようとします。また、優柔不断な面が顕著になり、同情心がマイナスに転じて雰囲気に流されやすいところもあるでしょう。

キング

実現のための才能や知性、計算高い、したたか、金銭面での成功

ペンタクルのキング
KING of PENTACLES

KING of PENTACLES.

◀マルセイユ版

ストーリー **堅実で優れた能力を持つ**

　黒髪の王が、ペンタクルをひざに乗せて玉座に腰掛けています。彼はその堅実さゆえに、物質的・金銭的豊かさを手にした王です。〈ペンタクルのキング〉は地位を重んじ、国家＝組織や財産を第一に守る人物像を表しています。高い知性と才能を持ち、抜かりなく利益を生み出すセンスがあります。

ポジティブ解釈

　着実な道を選ぶため、リスクに冒されることなく成功へと進んでいくことができます。思慮深く、たしかな言葉と行動によって、周囲からの信頼を得るでしょう。才能もあり責任感も強いので、仕事や経済面での発展の可能性も。

ネガティブ解釈

　安定志向が過剰になると、保守的になりがちに。変化や革新を拒否するため、現状維持で発展が望みにくいことも。また、自分の立場や財産を守るために、自己保身に走りがち。物質や金銭への強い執着心から、儲け第一主義に。

キング
ワンオラクルジャンル別キーワード

		恋愛	仕事	お金	対人	その他
ワンドのキング	正位置	愛想のいい男性、良心的な人、人情味がある	仕事で義理を大切にする、目立つ仕事	お金に関する自信、金銭面での厚い信頼	良心的で人に好かれる、人望に厚い、頼られる	世俗的、親しみがある、無骨
	逆位置	目立ちたがり屋、強引な男性、暑苦しい人	強引に仕事を進める、周囲の意見を聞かない	自己顕示欲からくる浪費、見栄のための出費	良心につけ込まれる危険性、利用される	洗練されていない、独裁、根性論を説く
ソードのキング	正位置	高学歴な男性、冷静に相手を選ぶ、大人の恋愛	論理的に仕事を進める、効率がいい、外資系	合理的に稼ぐ、収支分析、収支計画を可視化する	感情を抜きにした付き合い、利害関係を重視	思考力が長けている、決断が早い
	逆位置	サイコパスな人、条件で判断する	冷酷な判断、無慈悲に仕事をこなす、人を切る	自己の利益だけ考える、人を出し抜いて利益を得る	相手を切り捨てる、人を見下す	冷酷、自己中心的、利己的、人の気持ちを考えない
カップのキング	正位置	優しく穏やか、感情豊かな人、中性的な男性	協力者と共に行う仕事、グループで成果をあげる	お金に大らか、お金より精神的向上心を重視	支持者が多い、相談に乗る、人の懐に入る	中性的、ヒーラー、人を癒やす、協力者の存在
	逆位置	優柔不断、危うい魅力がある人	権限を振りかざす、相手の心理を利用する	お金への欲望が強い、人を動かしてお金を得る	人をコントロールしようとする、悪意なく振り回す	カルト、スピリチュアル、マインドコントロール
ペンタクルのキング	正位置	立場がある男性、経済的に豊かな人、落ち着いた人	地位を守る、組織のために働く、実績がある、政治家	財産を守り続ける、パトロンの存在	仲間を守る、援助する、仲間に義理を立てる	才能や知性、家族経営、名誉
	逆位置	したたかな男性、ステータスを重視する相手	計算高く仕事をコントロール、立場の利用、自己保身	拝金主義、お金に目がくらむ	計算高い人、排他的、歓迎されない	権力にあぐらをかく、物質的な利益を優先

Section 4

タロット占いの始め方

カードを使って占っていきましょう。
占うためのステップ及び、
リーディングの手順やポイント、
また、質問の内容に応じて使える
「スプレッド」を8種類紹介します。
何度も実践回数を重ねながら、
少しずつ慣れていきましょう。

占い方の手順

STEP1
タロットへの質問を決める
140 ページ

一人占いにおけるポイントとなるのが、タロットへの質問の作り方です。質問例を読みながら、質問の整理の仕方を身につけましょう。自分の質問をいかに深掘りできるかが、的確な答えを導く結果が出るかを左右します。

STEP2
質問に合わせてスプレッドを決める
142 ページ

スプレッドとはカードの配置方法のことを言います。質問が決まったら、どのスプレッドで占うかを決めます。まずはスプレッドとは何か、そしてその選び方について知りましょう。本書では8つのスプレッドを紹介します。

STEP3
カードをシャッフルして配置する
146 ページ

タロット占いは、質問に対して偶然引いたカードの意味から結果を見出す占いです。そのため、よくカードを混ぜ合わせてランダム性を高めることが重要です。ここでは基本的なシャッフルのやり方を紹介します。

STEP4
出たカードをリーディングする
148 ページ

いよいよリーディングです。ここでは、私が基本としている占い方の3大手順を紹介します。難しく考えずにこの方法さえ頭に入れておけば、初級者の方でもカードからのメッセージを受けとることができるはずです。

150ページからは8つのスプレッドの具体的な説明と、各スプレッドを使用した鑑定例を掲載しています。実践の参考にしてみてください。

占う前の準備

　タロット占いをする前に大切なのは、自分の気持ちを安定させることです。そのためならどんな方法でもいいですが、自分なりのルーティンがあるといいでしょう。それは決して特別な方法ではなく、カードのシャッフルを毎回同じように行うだけでも構いません。そのようなルーティンを作ることで、リーディングにおいて一定のクオリティを保つことができます。シャッフルのやり方は、146・147ページを参考にしてください。

　私はシャッフル以外に特別な準備は何もしていませんが、占い師によっては瞑想をしたり、音叉で場を浄化したりする方もいます。自分自身が集中できれば方法は問いませんので、占う前には頭の中をクリアにするようにしましょう。瞑想や浄化は、日常と占う場を切り替え、気持ちを整えるための１つの方法です。また、タロットクロスを敷くことも切り替えになります。カードを傷つけないためにも、用意しておくといいでしょう。

タロットへの
質問を決める

一人占いこそ質問の仕方がカギになる

　占うにあたって、質問を整理することはとても重要です。今自分はどんなことで悩んでいるのか、カードにどんな回答を求めているのか。それらがはっきりしないままカードを引くと、出たカードを都合よく解釈してしまうからです。

　たとえば「彼との関係に悩んでいる」という質問の場合、「彼との関係をよくするために、自分がどう行動したらいいか知りたい」のか、「彼の本当の気持ちを知りたい」のか、「これから私たちの関係がどうなるのか知りたい」のか、質問を具体的に整理する必要があります。自分が何を知りたいのかを明確にしておけば、出たカードの答えをダイレクトに受けとれます。

　私が行っているような対面鑑定の場合、クライアントと話しながらその方が本当に知りたいと思っている質問を引き出して占いますが、一人占いの場合は自分で質問を整理することが大切です。カードを通して誰を見るのか、何を見るのか、自分の中で悩みを絞ってから占うようにしましょう。

❦何に悩んでいる？❦

自分自身のこと　or　人間関係のこと

今起こっていること　or　まだ起きていないこと

自分次第でどうにかなること　or　どうにもならないこと

　以下はよくある2つの質問ですが、このままではクライアント
が何を望んでいるかがわからず、占う方向性を決められません。
鑑定の場であれば、「付き合ってどれくらいですか?」「すでに転
職先は探しているのですか?」などの質問をします。本人が本当
はどうしたいのか、何を知りたいのかを探るためです。ただ、一
人占いの場合は、質問を整理するための情報はあなたの中にあり
ます。それらを基に、ご自身に問いかけるようにして悩みの本質
を見つめてみてください。アバウトな質問でも、たとえば以下の
ような質問のバリエーションに分けられます。

恋愛の質問例

**そろそろ結婚したいが、彼氏は結婚について
あまり考えていない様子。どうしたらいいか。**

- 彼は私のことをどう思っている?
- 彼とこのまま付き合い続けた場合の未来は?
- 彼と結婚するために私はどうしたらいい?
- もし彼に逆プロポーズしたらどうなる?
- 彼と結婚した未来はどうなる?
- もし彼と別れた場合、結婚につながる出会いはある?

仕事の質問例

**10年同じ会社で働いているが、給料に不満があり、
上司との相性も悪い。このまま続けていていいのか。**

- 今の仕事をこの先も続けた未来は?
- この会社で給料をあげるために私は何をしたらいい?
- 上司との関係をよくするためにはどうしたらいい?
- もし転職する場合、いい会社は見つかる?
- あの会社に転職した場合の未来は?
- 仕事を続けるのと転職するのではどちらがいい?

質問に合わせて　スプレッドを決める

問題解決方法を可視化する「スプレッド」

　スプレッドとはカードの配置方法のことで、つまり並べ方のことです。様々な種類があり、伝統的なものもあれば、タロットユーザーが創案したオリジナル・スプレッドも存在しています。

　スプレッドでは、カードをおく1枚1枚の位置に意味がつけられているものもあります。たとえば「この位置に出たカードを現在の状況として読む」、「アドバイスとして読む」といったように、位置が表す意味と、その位置に出たカードを紐づけて読み解くのです。同じカードでも、そのカードが「過去」の位置に出たか「未来」の位置に出たかでは、意味が異なります。

　1枚1枚に意味がある配置だと思うと、魔法陣のように神秘的なものだと思われるかもしれません。しかし実際の鑑定では、そこまで位置の意味にこだわらずにリーディングをしていることもあります。カードからのメッセージはスプレッド全体から届けられると考えて、たとえば「アドバイス」以外の位置にあるカードからアドバイスを受けとることもあるのです。スプレッドは、カードを配置することによって、問題解決の方法を可視化するための便宜的な手法です。ですから難しく考えずに、まずは多くのスプレッドを試しながら、実際に出たカードとその位置の意味を照らし合わせつつ、自分なりの読み解きを見つけてみてください。

スプレッドはどう選ぶ？

　150ページからは、8つのスプレッドを紹介します。それぞれ
のスプレッドに特徴はありますが、「こういった質問なら絶対に
このスプレッドを使うべき」といった厳密なルールはありません。
私自身も鑑定では、二者択一や、時期を読む必要があるご相談以
外、ほとんどケルト十字ばかり使っています。それは私にとって
ケルト十字が一番使いやすく、クライアントを鑑定するにあたっ
て過不足なく情報をお伝えできるからです。

　手っとり早く答えが知りたい方や、初級者の方は、1枚のワン
オラクル、2枚のシンプルクロス、3枚のスリーカードといった
枚数の少ないスプレッドを使用するのもいいでしょう。最初から
たくさんのカードを使うスプレッドを覚えるのは大変ですし、ま
ずはカードに慣れることが何より大切です。

　ただ、カードの枚数は多いほど、ヒントもたくさん得られるも
の。枚数の少ないスプレッドでは、要素が少ないため質問内容に
対して深いリーディングをするのは難しいのです。また、たった
数枚のカードから回答を導き出すため、カードの印象への思い込
みで未来を悲観してしまったり、答えを決めつけたりすることに
もつながりかねません。もちろん、練習用や気軽な質問を占う時
なら枚数の少ないスプレッドでもいいのですが、深刻な質問の場
合は、できればヘキサグラムやケルト十字などを使用することを
おすすめします。それ以外はご自身のやりやすさや、お好みで選
んでいいでしょう。様々なスプレッドを使ううちに、自分に合っ
た、リーディングしやすいスプレッドが見つかるはずです。

　また、スプレッドは既存の形だけでなく、そこから自分の使い
やすいようにアレンジすることも可能です。スプレッドの基本的
な使い方を覚えたら、182・183ページも参照してください。

スプレッド一覧

150ページから紹介するスプレッドの一覧です。
それぞれの特徴を知り、質問内容に応じて使い分けましょう。

スプレッド1

シンプルに回答を導き出せる
ワンオラクル

▼
150ページ

スプレッド2

現状整理とアドバイスを得る
シンプルクロス

▼
152ページ

スプレッド3

時間軸で解釈できる
スリーカード

▼
154ページ

スプレッド4

多角的な視点で占える
ヘキサグラム

▼
156ページ

スプレッド5

問題を深く分析できる
ケルト十字

▼
160 ページ

スプレッド6

2つの選択肢を比較検討できる
フォーウィング・
メソッド

▼
164 ページ

スプレッド7

1カ月ごとの未来の状況がわかる
ワンイヤー

▼
168 ページ

スプレッド8

関係性の変化と未来がわかる
タイムライン

▼
172 ページ

カードをシャッフル して配置する

　タロットは偶然性に意味を見出す占いですから、カードを混ぜることはとても重要なアクションです。また自分の心を落ち着かせるためにも、毎回ルーティンとして同じ方法で行いましょう。

　本書で紹介するシャッフルの手順は、私が実践している例です。きちんとカードが混ざれば、どんなやり方でも構いません。

①時計回りに混ぜる

クロスの中心にデッキをおき、裏向きのままデッキを崩して広げ、両手で大きく時計回りに混ぜます。クロスを敷くとカードが傷つきにくくなるうえ、占う場を整えて日常との区切りをつけられるので、できれば用意しましょう。

②1つにまとめる

十分にカード全体が混ざり、自分の気持ちも落ち着いたと思ったら混ぜるのをストップし、カードを1つの束にまとめます。

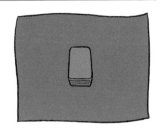

③質問内容をカードに告げる

デッキの上に片手を乗せ、「○○について知りたいです」など、質問を心の中で唱えます。私は左手と決めていますが、左右どちらでも構いません。ただし、毎回同じ手で行いましょう。

④3つに分け、1つにまとめる

③と同じ手を使ってデッキを3つの束に分けます。それから再度同じ手で3つの束を好きな順に重ね、1つの束にまとめます。

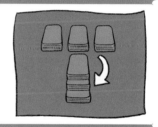

⑤7枚目のカードを配置する

左手でカードを持ち、右手で上から6枚をとって束の一番下に入れ、7枚目のカードを表に返しながらスプレッドに沿って配置します。この時カードの天地がひっくり返らないように注意。2枚目以降も同様に7枚目を配置し、スプレッドを完成させます。

✤なぜ7枚目を引くのか✤

　私は、常に7枚目を配置する方法でランダム性を高めています。特に手が小さい方は、切る際に落としやすいのでおすすめです。なぜ「7」枚目なのかというと、古くから土星までの目視できる7つの天体は、神々と考えられていたためです。また、神が世界を6日間で創り7日目を安息日としたなど、7には特別な意味があるとされるためです。ただし、「○枚目を引く」というルールを定めさえすれば、何枚目でも構いません。

STEP4

出たカードを
リーディングする

占い方の３大手順

手順1　大アルカナがあるかチェックする

大アルカナが質問への答えの要となります。大アルカナが何枚出ているか、どの位置に出ているのかをチェックしましょう。

手順2　大アルカナだけでストーリーを作る

大アルカナだけを組み合わせて、ストーリーの大筋を作りましょう。１枚しかない場合は、その１枚が問題解決の軸となります。

手順3　小アルカナで肉づけする

大アルカナで作ったストーリーの肉づけとして小アルカナを読みます。小アルカナが複数ある場合は、スートのバランスを確認しましょう。スートの偏りがヒントとなる場合もあります。

**その他の
ポイント**　カードに先入観を持ち「良いカード、悪いカード」と判断しないこと、すべてのカードを読むことに固執しないこと、逆位置に囚われないことも大切です。17 〜 19ページも参照しましょう。

例 すれ違いがちな恋人との関係は今後どうなる？

①過去／　　②現在／　　③未来／
月（正）　ソードの9（正）　愚者（正）

手順 1 大アルカナが出ているかをチェック。過去と未来に出た〈月〉と〈愚者〉の２枚を軸に解釈する。

手順 2 大アルカナでストーリーを作る。〈月〉は不安や恐れを表し、〈愚者〉は自由を表すことから、過去から不安を抱えてきたが、未来では解き放たれると解釈。

手順 3 大アルカナの２枚で答えは見えているが、〈ソードの9〉は、関係に悩む現在の姿を表していると解釈。

.... 結　論 ....

〈月〉が示すように、以前から関係に不安を感じていた様子。未来では〈愚者〉のように自由を謳歌していて、離れることを表すカードでもあることから、恋人と別れることで悩みから解き放たれると解釈できます。〈ソードの9〉が示すように、すでに現在、関係性に絶望感を抱き、潮時だと感じているのではないでしょうか。

❧1枚も大アルカナが出ない時は？❧

　質問自体がそれほど深刻ではない、また、今後劇的な変化が起こる未来や明確な道筋は現時点で見えていないことを示します。つまり、その質問に対して「重要なメッセージはない」ということ。もしくは、質問内容を変えて改めて占い直してみることをおすすめします。

シンプルに回答を導き出せる
ワンオラクル

　ワンオラクルは1枚のカードから答えを導くスプレッドで、「1枚引き」とも呼ばれます。初級者がカードに慣れるための練習や、端的に一問一答で答えを知りたい場合に使うといいでしょう。今日1日のテーマや、問題の本質などを読む場合に適しています。アドバイスを求める場合は、逆位置をとりません。この1枚が示す意味に「現在」「未来」などの定義づけはなく、質問の形に合わせて答えを受けとれます。

― *Point* ―

ワンオラクルが示すのは、大きな方向性です。そのため、詳細な答えが欲しい場合や、問題を深掘りする必要がある質問には向きません。たとえば「どうして彼は最近冷たいのか？」という質問をワンオラクルで占うと、たった1枚から解釈することになり、具体的なメッセージを受けとれないためです。ワンオラクルはそのように理由を問う質問ではなく、おみくじや神託的にアドバイスを受けとりたい場合や、指針が欲しい時に利用しましょう。

質問例

質問は簡潔に、テーマや行動の大きな方向性を問いましょう。

◆今日1日の私の調子は？
◆告白を成功させるためのヒントは？
◆転職へのざっくりとしたアドバイスが欲しい。

鑑定例

例1 今度ゼミの面接があるので、アドバイスが欲しい。

18歳・学生

ワンドの6（正）

〈ワンドの6〉は見ての通り勝利をあげている姿。月桂冠は勝利者や勇者に与えられる冠ですから、自信を持って面接に臨めば大丈夫でしょう。この図像のように、周りの仲間も支援してくれるはず。面接を受ける前から緊張して気張りすぎずに、自分のその時の感覚を研ぎ澄まして、自信を持っていきましょう。

例2 ライフステージの変化で友人が減った。友人との関係を続けるには？

33歳・主婦

ペンタクルの6（逆）

アドバイスを求める質問なので正位置として読みます。〈ペンタクルの6〉は助け合いを表すカード。友人との関係性を続けるためには、イーブンな関係を意識するといいでしょう。相手が困っていたら手を差し伸べる、自分が困ったことがあれば助けを求めることで、持ちつ持たれつの関係が続いていきます。対等に支え合える関係でいられるように心がけましょう。

例3 仕事でスキルを磨くために、何をしたらいい？

24歳・会社員

ペンタクルの9（正）

〈ペンタクルの9〉は物質的に恵まれていることを表します。この人物を自分におき換えると、環境は整っているようですから、それを活かすことが大切です。経験豊富な上司や、会社が所有する資料やコネクションなど、学べることは多そう。そして二次的な読みですが、そうすることでこの人物のように、会社に利益をもたらす存在へと成長できるかもしれません。

現状整理とアドバイスを得る
シンプルクロス

現状 ①

② アドバイス

　シンプルクロスは2枚のカードを①・②の順に逆さのT字に並べることで、簡潔に問題点と解決方法を導き出すことができます。基本的には1枚目を現在の状況や自分の気持ちとし、2枚目をアドバイスとして解釈します。人間関係を占うのであれば、1枚目を相手の気持ち、2枚目を関係をよくするためのアドバイスとして設定するのもいいでしょう。現状の整理と打開策を同時に占える便利なスプレッドです。

Point

シンプルクロスは、ワンオラクルにもう1枚のアドバイスカードが加わったものです。横たわった②のカードは正逆をとらず、アドバイスだけでなく、

質問に対する障害、またはその動機や確信といった読み方もします。160ページのケルト十字の中心部分にあるキーカードと同様です。

質問例

現状とアドバイスなど、知りたい2つの項目を設定しましょう。

◆遠距離の恋人とすれ違いがち。相手は今何を思っている？
◆仕事で行き詰まっているのでアドバイスが欲しい。
◆人生に悩んでいる。今の私には何が必要？

▶ 鑑 定 例 ◀

例1 **創作のコンテストに出品しているが芽が出ない。挑戦し続けるべきか。**

21歳・学生

①現状／
**ペンタクル
のクイーン
（正）**

QUEEN of PENTACLES.

②アドバイス／
魔術師

コンテストで今後評価される希望はあるかという質問でした。②アドバイスにアクションを象徴する〈魔術師〉が出ていることから、続けるべきなのは明確です。図像を見ても、テーブル上にはすべての素材を揃えていて、質問者さんのクリエイティブな能力を宇宙から降ろしているようです。〈魔術師〉自体が作り出したい気持ちの表れですし、評価をするのは向こうですから、ご自身のアイデアをどんどん形にしていくといいでしょう。①現状の〈ペンタクルのクイーン〉は称号を得たい気持ちの表れです。受賞するなど、納得できる成果を得ないとご自身がモヤモヤするでしょうから、挑戦は続けていくべきです。

例2 **もうすぐ大学院修了。就職してからも学生時代の友人との縁は続くか。**

24歳・学生

①今後の
状況／
**ソードの9
（正）**

②アドバイス／
ペンタクルの10

今回は①を現状ではなく、知りたい時期、すなわち就職後の状況（今後の状況）として展開しました。〈ソードの9〉が表すように、就職してからはいっぱいいっぱいになりそうです。②アドバイスは〈ペンタクルの10〉ですが、ペンタクルは保証や経験を表し、友人と過ごす時間や、関係のたしかさを示しています。ですから、仕事後に飲みに行く、休日に遊ぶなど、友人との時間を意図的に作ることで関係は続いていくはず。〈ペンタクルの10〉は「継承」という意味があり、余裕がない中でも時間さえ確保すれば、環境が変わってしまっても引き継がれるべき縁は残ることを表します。

時間軸で解釈できる
スリーカード

過去　　　　現在　　　　未来

　3枚のカードを左から順に「過去・現在・未来」と並べ、1枚1枚単体ではなく、一連の流れで読み解きます。手軽でありながら問題がどのように変化していくかを一目で把握することができるので、わかりやすく初級者の方にもおすすめのスプレッドです。時間軸は自分の占いたい内容によって自由に設定してください。たとえば、左から順に「現在・1年後・3年後」とすることも可能です。

Point

　「過去・現在・未来」で占う場合は、最初に「過去」とはどの程度前のことを示すのか、「未来」とはどの程度先のことを示すのかを設定しましょう。一般的に、3カ月〜6カ月くらいの期間で設定することが多いですが、年単位で設定することも可能です。

読み解きのヒントを増やすために、逆位置を採用することもありますが、3枚全部が逆位置だった場合は、すべて正位置として読んでも構いません。カードの出方に応じて解釈しましょう。

質問例

自分の知りたい答えに合わせて、時期を3つ設定しましょう。

◆恋人との関係は今後どう変化していく？（過去・現在・未来）
◆離婚した場合の未来は？
　（現在・離婚した場合の未来・離婚した場合の3年後の未来）
◆進行中のプロジェクトは○カ月後どうなる？
　（1カ月後・3カ月後・6カ月後など）

鑑定例

例1　もうすぐ定年退職。
リタイア後の未来が
知りたい。

59歳・会社役員

①過去／
**カップの
ペイジ(逆)**
②現在／
**カップの6
(正)**
③老後／
**ペンタクル
の8(正)**

①過去は〈カップのペイジ〉で、逆位置を採用すると少し理想が高いようですが、仕事に対する情熱もあり、おおむね満足感がある様子。②現在は〈カップの6〉ですから、定年退職を間近に控えて今後を考えるにあたり、以前よりお子さんに気持ちが向いているのではないでしょうか。③老後は〈ペンタクルの8〉なので何かに打ち込んでいるイメージです。修行を表すカードなので、新しいことに向き合うのかもしれません。未来は今以上に「挑戦」がテーマになりそうです。昔できなかったことに再挑戦する可能性もあるでしょう。老後は自分の役割や家族の愛情、コミュニケーションに重きをおくことになりそうです。

例2　9月に留学をするので、
どのようになるのか
未来が知りたい。

21歳・学生

①現在／
**カップの
3(逆)**
②9月、留学
に行く時／
**カップの8
(正)**
③帰国後／
**ワンドの10
(正)**

①を現在、留学に行く時を②、帰国後を③と設定しました。〈カップの3〉には留学への希望やこの機会を勝ちとった今の喜びが表れています（逆位置を採用すると、少し浮き足立っている様子でもあります）。ただ、②留学時は再スタートを表す〈カップの8〉。行ってみるとすぐに次の目標を見つけ、〈カップの3〉で持っていた期待はすでに落ち着いていそう。留学中にもっと大切な課題に気がつくなど、気持ちの変化があるでしょう。③帰国後の〈ワンドの10〉は、野望が大きすぎたことがわかって、その気持ちを背負っているイメージです。とはいえ、新たな展望が見え、努力を強いられてもそれを達成したいという気持ちが得られるということです。ご自身の成長において、有意義な留学になるでしょう。

多角的な視点で占える

ヘキサグラム

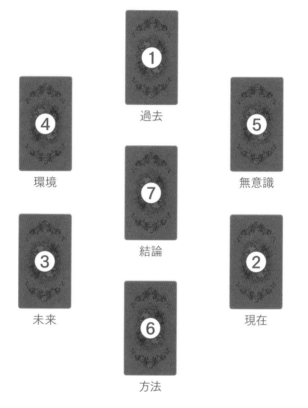

① 過去

④ 環境

⑤ 無意識

⑦ 結論

③ 未来

② 現在

⑥ 方法

7枚のカードを六芒星に並べたスプレッドで、神秘的な形から人気があります。どんな悩みでもオールマイティに占うことができるため、ケルト十字と並んで万能なスプレッドと言われます。また、ケルト十字より枚数が少ないながらも、多角的な視点で過不足なく解決方法を導き出すことができ、応用的な活用も可能です。初級者の方が少ない枚数のスプレッドに慣れたら挑戦するのにおすすめです。

各カードの読み方

①過去	自分がその問題を抱えることになった理由や、これまでにおかれていた状況、その時の思いなどを表します。
②現在	自分が現在おかれている状況や、自分をとり巻く問題の本質を表します。
③未来	①②をふまえて、近い将来訪れる出来事を表します。また、その時どう感じるのかを表すことも。
④環境	周囲の状況、周りの人々がどう思っているか、人間関係を占う場合は相手の気持ちを表します。
⑤無意識	本音や無意識、抑圧されている願望などを表します。また質問内容のまだ明らかになっていない部分を表します。
⑥方法	問題を解決して現状から脱するために、とるべき行動やヒントを表します。逆位置はとりません。
⑦結論	すべてを総合した、問題に対する最終結論を表します。問題全体のキーポイントを表すこともあります。

── Point ──

ヘキサグラムでは、上記とは各カードの読み方を変えて、相手との関係性を占うこともできます。その場合は、④を相手、⑤を自分として設定します。また、はっきりとした対象との状況を占いたい場合は、この④を人に限らず、「習得したいもの」や「目標」として設定することも可能です。この場合、④と⑤を対比して解釈することがリーディングのポイントです。

質問例

人や仕事などの対象を設定した問い、
またはアドバイスを求める質問が適しています。

◆ケンカしがちな恋人との関係についてアドバイスが欲しい。
◆現在の仕事がうまくいかないので問題点が知りたい。
◆苦手な隣人と付き合っていくにあたっての注意点は？

例1 人生に目標がなく悩んでいる。
私の人生のテーマとは何なのか。

31歳・会社員

①過去／
ワンドの
エース（逆）

④環境／
運命の車輪
（逆）

⑤無意識／
ソードのクイーン
（逆）

⑦結論／
隠者
（正）

③未来／
ソードの2
（正）

②現在／
太陽（正）

⑥方法／
魔術師

　漠然としたお悩みですが、まずは大アルカナから結果へのストーリーを読み解きます。②現在は〈太陽〉ですから、目標としていたものにもすでに辿り着き、納得できる結果も残してこられたのではないでしょうか。④環境に〈運命の車輪〉があるのは、今後周囲の人々や環境によって、人生のテーマが変更される可能性があることを示します。それは運命の導き的なものと言えそうです。逆位置であることから、ご本人は躊躇しているかもしれませんが、事を始める準備はできていると解釈できそうです。⑦結論は達観や内省を表す〈隠者〉です。今現在、質問者さんが人生のテーマについて真剣に考えているように、真理を学び、探求すること自体が質問者さんの人生のテーマなのかもしれません。人生の目標を模索していくことが成長につながるはずです。次に小アルカナを見ていくと、①過去は〈ワンドのエース〉ですから、これまでも明確な目標を持っていたのではなく、エネルギーがあふれるままに進んでこられたのかもしれません。③未来は〈ソードの2〉で停滞を表すので、質問者さんが何もしなければ成長にはつながらないことを示しています。ご自身の人生に向き合って、積極的に人生のテーマを探究していくことが大切です。

鑑定例

例2　いずれ結婚したい。
将来的に私は結婚できる？ そのために何が必要？ 　30歳・会社員

①過去／
カップの10
（正）

④環境／
ソードのエース
（正）

⑤無意識／
ソードのクイーン
（正）

⑦結論／
カップの2
（正）

③未来／
カップのペイジ
（正）

②現在／
カップのクイーン
（正）

⑥方法／
世界

　アドバイス質問の場合、正逆はとりません。結論から言うと、大アルカナの
〈世界〉が出ていることから結婚はできるでしょう。ただ、〈世界〉は個を捨て
ることを表すカードでもあり、⑥方法の位置に出ていることからも、「個をな
くして相手と一緒になる」という覚悟を持てば、結婚への道は開けると解釈で
きます。また、愛や喜びを表す〈カップの2〉〈カップの10〉からも結婚の可
能性は十分あることがわかります。ただ、まだ飛び込む勇気がないのでしょう。
それは〈カップのクイーン〉〈ソードのクイーン〉から読みとれ、この2枚が
質問者さんの自我の葛藤を表しています。〈カップのクイーン〉は相手のため
に生きること、〈ソードのクイーン〉は自力で生きることを表します。結婚に
は今の生活を捨てる覚悟も必要ですから、そこに対する悩ましさがあるのでは
ないでしょうか。相反する生き方の間で心が揺れているのかもしれません。①
過去は〈カップの10〉で、質問者さんの幼少期からの環境や、これまでの経験
から、結婚へのポジティブな意識はあるのでしょう。全体を通して、質問者さ
んが現在の自分を一度捨てる決意さえできれば、結婚はできると言えます。あと
はご自身の覚悟と結婚へのモチベーション次第です。

スプレッド 5

問題を深く分析できる
ケルト十字

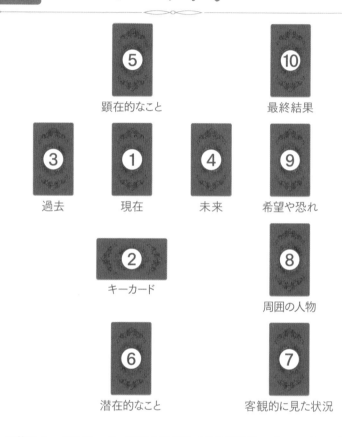

⑤ 顕在的なこと

⑩ 最終結果

③ 過去

① 現在

④ 未来

⑨ 希望や恐れ

② キーカード

⑧ 周囲の人物

⑥ 潜在的なこと

⑦ 客観的に見た状況

　10枚のカードを使って、問題を深掘りできる汎用性の高いスプレッドです。スリーカードのように時系列がわかるうえ、問題の本質的な部分を考察することができます。時期が知りたい質問以外であれば、実践ではケルト十字が一番万能と言えます。マスターすればどんな問題でも占えるでしょう。リーディングをする際には、最終結果のカードだけに囚われず、全体から解釈することが大切です。

各カードの読み方

① 現在	自分が現在おかれている状況や、自分をとり巻く問題の本質を表します。
② キーカード	質問内容を象徴するものや、カギとなる事柄を表します。
③ 過去	自分がその問題を抱えることになった理由や、これまでにおかれていた状況、その時の思いなどを表します。
④ 未来	①③をふまえて、近い将来訪れる出来事を表します。また、その時どう感じるのかを表すことも。
⑤ 顕在的なこと	自覚している感情や、気づいている問題点などを表します。また質問内容の現在明らかになっている部分を表します。
⑥ 潜在的なこと	本音や無意識、抑圧されている願望などを表します。また質問内容のまだ明らかになっていない部分を表します。
⑦客観的に 見た状況	自分または、質問内容を第三者視点で見た場合を表します。
⑧ 周囲の人物	周囲にいる人物、または質問内容に関わる人物やキーパーソンを表します。
⑨ 希望や恐れ	自分が持っている希望や恐れを表します。
⑩ 最終結果	すべてを総合した、問題に対する最終結論を表します。

Point

問題の本質的な部分は、特に①と②に表れます。主にこの2枚で、質問者がどのように問題に向かっているかを判断していきます。また、②のキーカードは正逆をとらず、質問内容全体に影響を及ぼします。ここに問題の核となる部分や、解決へのヒントが表れることが多いです。全部で10枚を使うスプレッドですが、⑥までに問題の根本的な原因や解決策が判明するのであれば、⑦以降は並べずに、カードの展開を終えてしまっても構いません。

質問例

根本的な原因を探る、またはアドバイスを知るなど、
深掘りしたい質問が適しています。

◆不倫関係をやめたいのにやめられない。どうすれば？
◆部下がよそよそしくて仕事がやりにくい。原因は？
◆仕事を辞めて地元に帰るか迷っている。自分の本当の気持ちは？

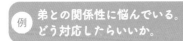

例 弟との関係性に悩んでいる。
どう対応したらいいか。

49歳・主婦

⑤顕在的なこと／
ペンタクルの2（正）

⑩最終結果／
カップのペイジ（逆）

③過去／
月（逆）

①現在／
ソードの2（逆）

④未来／
愚者（正）

⑨希望や恐れ／
ソードの8（正）

②キーカード／
ペンタクルのキング

⑧周囲の人物／
ワンドの4（正）

⑥潜在的なこと／
ソードの10（逆）

⑦客観的に見た状況／
節制（正）

　今回はほとんど大アルカナだけで答えが出ていました。結論から言うと、あまり弟さんとは関わらないほうがよさそうです。④未来に対象から離れることを表す〈愚者〉が出ていることから、弟さんとは距離をおいたはうがいいと判断できます。また、③過去に〈月〉が出ていることから見ても、以前から弟さんと折り合いが悪かったり、トラブルが起きたりしていたのではないでしょうか。弟さんとの関係性において、質問者さんが以前から不安を抱えていたことが想像されます。

　問題解決の糸口となる②キーカードの位置には、〈ペンタクルのキング〉が出ています。ですから、トラブルにはお家の金銭的問題が絡んでいる可能性もあるのではないでしょうか（実際お話を聞いたところ、お父様の遺産問題が関係しているということで、〈ペンタクルのキング〉が如実に問題の核を表していました）。〈節制〉は「分配する」という解釈もできるので、もしお金のことが原因なら、弟さんにはある程度の分け前を渡したら、早めに距離をおいたほうがいいでしょう。質問に対する答えとしては、〈愚者〉だけでも「対象から離れるべき」とアドバイスできます。

プラスα　読み解きアドバイス

　①現在は緊迫感を表す〈ソードの2〉ですから、弟さんとの関係に緊張感がある状態を示しているようです。相手との間合いをどうとろうか、警戒心を持ちながら構えている、現在の質問者さんの心情が表れています。お金の問題ではないかと考えたのは、キーカードの〈ペンタクルのキング〉に加え、同じスートの〈ペンタクルの2〉も出ていたからです。〈ペンタクルの2〉からは、〈ソードの2〉と同様にバランスをとろうとしている様と、「弟さんから離れるか否か」という2つの選択肢を表しているようでもあります。

　⑥潜在的なことには苦しみを表す〈ソードの10〉が出ていて、質問者さんが抱えている問題が非常に深刻であることがわかります。また、潜在的なことが表すものの中には、過去の忘れたい体験やトラウマ的なことも含まれます。普段は思い出さなくとも、日常の何かがトリガーとなって思い出してしまうような事柄です。そうしたものもここに出たカードからリーディングできます。スプレッド全体を見ても、〈ソードの10〉や悩ましい状況を表す〈月〉が出ていることから、このお悩みの重大さが読みとれました。

2つの選択肢を比較検討できる
フォーウィング・メソッド

質問者のもう1つの
方向性（選択肢B）

質問者が望んでいる
方向性（選択肢A）

現在

現在をとり巻く
状況

決断するうえで
助けとなること

流れは変えられないが
利用できること

　3枚ごとのブロックで、全15枚のカードを対になるように並べ、2つの選択肢を比較することができるスプレッドです。選択肢を前にした現在の状況と、AとBの選択肢を選んだそれぞれの未来、またそれにまつわる事柄が可視化されるため、わかりやすく決断のヒントを得られます。中央にある、①②③以外の4つのブロックは、1枚ずつ読まずに3枚1セットでリーディングします。逆位置は基本的にとりません。

―― *Point* ――

選択肢の振り分け方（どちらをA、Bにするか）は、本人がより強く望んでいるほうをA、そうでないほうをBとします。優先順位がない場合は、先に思いついたほうを A としましょう。人を占う場合も、特に本人の希望がない場合は無意識に先に言ったほうをAとします。占っている途中でAとBを変えるのはNGです。

また、ブロックごとに3枚まとめて見ていくので、1枚1枚を懇切丁寧に読む必要はありません。

選択肢A・Bをただ比べたいだけならば、左下の⑥⑩⑭・右下の⑦⑪⑮は省略することも可能です。その場合は以下の順番で並べます。スプレッドは基本形のまま、3択や4択にアレンジすることもできます。その場合は左下の⑥⑩⑭を選択肢C、右下の⑦⑪⑮を選択肢Dとします。

質問者のもう1つの
方向性（選択肢B）

質問者が望んでいる
方向性（選択肢A）

現在

現在をとり巻く
状況

質問例

2つの選択肢、または行動する（A）と現状維持（B）などを並べた質問が適しています。

◆AさんとBさん、どちらとお付き合いしたらうまくいく？
◆A物件とB物件、どちらに引っ越したほうが幸せ？
◆転職する（A）か、このまま続ける（B）か、どちらがいい？

例 結婚を前提とした恋人が欲しい。
相手はマッチングアプリと知人、どちらで見つかる？ 30歳・会社員

質問者のもう1つの方向性
（選択肢B）

⑬　　　　　　⑨　　　　　　⑤
カップの9　　ソードの7　　ペンタクル
（正）　　　　（正）　　　　の4（正）

質問者が望んでいる方向性
（選択肢A）

④　　　　　　⑧　　　　　　⑫
死（正）　　女帝（正）　　ワンドの8
　　　　　　　　　　　　　（正）

現在をとり巻く状況

②　　　　　　①現在／　　③
太陽（正）　　力（正）　　ペンタクル
　　　　　　　　　　　　　の9（正）

決断するうえで助けとなること

⑭　　　　　　⑩　　　　　　⑥
ペンタクル　　ペンタクル　　ワンドの9
のペイジ　　　の8（正）　　（正）
（正）

流れは変えられないが
利用できること

⑦　　　　　　⑪　　　　　　⑮
ペンタクル　　ソードの4　　星（正）
のクイーン　　（正）
（正）

　今回はマッチングアプリをAとして、友人や同僚など、すでに知り合っている人の中から相手を探すのをBとします。

　結論から言うと、可能性があるのはマッチングアプリです。なぜなら大アルカナで妻の象徴である〈女帝〉がAに出ているためです。〈女帝〉は物事の成就を表すカードでもあるので、パートナーを見つけることを目的とした場合、それを達成できると読むことができます。ただ、その隣には〈死〉が出ているので、マッチングアプリでも最初からスムーズに見つかるわけではなさそう。一度会ってみたけれど、うまくいかずにその関係性は終わる＝〈死〉、そして次の人を探す……というプロセスを何度か経ることで、結婚に辿り着ける＝〈女帝〉と考えます。

　一方知人側のBを見ると、すべて小アルカナです。このことから、そもそも知人との関係の中には、恋愛に発展する土壌がない、または結婚には結びつかないと考えられ、Aのマッチングアプリと比べると可能性は低いでしょう。

　質問者さんは結婚を前提にしたお付き合いを希望されていますが、〈星〉も出ていることから、まだ結婚に対する具体的なイメージはふくらんでいない様子。〈星〉は具現化しない漠然とした理想を表すカードです。結婚に対する憧れはあるものの、相手への条件や結婚後の生活のことなどには考えが至っていないのではないでしょうか。現在やとり巻く状況を表す①②③には〈力〉〈太陽〉〈ペンタクルの9〉とあり、結婚にポジティブなイメージを持っているようですが、それは質問者さんにとって、まだ夢の世界なのかもしれません。

プラスα 読み解きアドバイス

　右下の⑦⑪⑮に、〈星〉と一緒に〈ペンタクルのクイーン〉が出ていることから、身を固めて安定したいという気持ちが読みとれます。ただ、同時に休止を示す〈ソードの4〉が出ているのが気になるところです。憧れはあるけれど、現状の暮らしを捨てられないところもあり、まだ気持ちが熟していない状態を表しているのかもしれません。

　右上を見ると、⑫の〈ワンドの8〉は、素早い展開を表すカードです。〈死〉を乗り越え〈女帝〉の方向へ向かい、運命の人に出会えれば、結婚へはとんとん拍子で進んでいく可能性もあるでしょう。左下の⑥⑩⑭には恋愛に結びつきそうなカードが出ておらず、今回は重視していません。

1カ月ごとの未来の状況がわかる

ワンイヤー

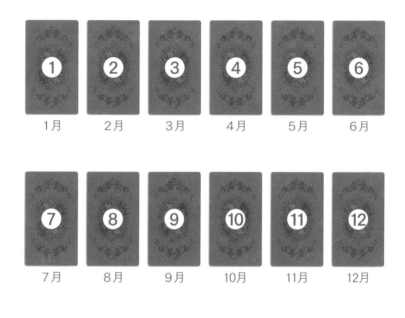

①	②	③	④	⑤	⑥
1月	2月	3月	4月	5月	6月

⑦	⑧	⑨	⑩	⑪	⑫
7月	8月	9月	10月	11月	12月

　1年間の状況の変化を1カ月ごとの流れで占うスプレッドです。その月の状況や、具体的なタイミングがわかりやすく可視化されます。行動を起こすタイミングを見る時や、出会いの可能性を知りたい時に適しています。枚数が多く、均等に並べるため、一見読みづらく感じるかもしれませんが、基本に立ち返ってまずは大アルカナがあるか、またその大アルカナがどんな意味を持つかで判断しましょう。

--- Point ---

スプレッドの各月の並びは固定です。占い始める月によって、2段または3段になるように配置します。たとえば今年の11月からの1年間の流れを見たい場合には、以下のように並べます。

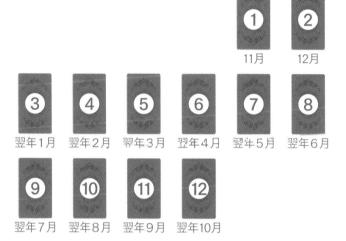

| ① | ② |
| 11月 | 12月 |

| ③ | ④ | ⑤ | ⑥ | ⑦ | ⑧ |
| 翌年1月 | 翌年2月 | 翌年3月 | 翌年4月 | 翌年5月 | 翌年6月 |

| ⑨ | ⑩ | ⑪ | ⑫ |
| 翌年7月 | 翌年8月 | 翌年9月 | 翌年10月 |

出会いを占う時は、コートカードのみを出会う相手として解釈します。大アルカナは人物としては捉えません。また、コートカードの性別がそのまま出会う相手の性別を示します。つまり、男性との出会いを見たい場合はペイジ、ナイト、キングのカードが出るかどうかがカギになります。女性との出会いが見たい場合は、クイーンが出るかどうかで判断します。また、ペイジ、ナイト、キングの男性カードの場合、ペイジなら年下、ナイトなら同い年くらい、キングなら年上といったように、年代も予想することができます。人物像の解釈方法について、詳しくは184ページ以降を参照してください。

質問例

タイミングや転機など、時期を問う質問をしましょう。

◆結婚の可能性がある相手との出会いはいつ？
（コートカードで見る）
◆昇給のチャンスがあるのはいつ？（大アルカナで見る）
◆彼との結婚に進めるのはいつ？
（出会いではないので大アルカナで見る）

例 1年以内に出会いのチャンスはある？

33歳・会社員

①4月／
ペンタクルの
キング（正）

②5月／
カップの2
（逆）

③6月／
カップの3
（逆）

④7月／
女帝（逆）

⑤8月／
恋人（正）

⑥9月／
カップのエース
（正）

⑦10月／
カップの6（正）

⑧11月／
月（正）

⑨12月／
ソードの3
（逆）

⑩1月／
カップの10
（正）

⑪2月／
ソードの2（正）

⑫3月／
ペンタクルの7
（逆）

　今年の4月から来年の3月までの1年間に出会いがあるかを見ます。コートカードが出る＝出会いがあると判断します。今回の場合、質問者さんは男性との出会いを求めているので、ペイジ・ナイト・キングのカードが出るかどうかが出会いの有無を左右します。

　まず4月に〈ペンタクルのキング〉が出ているので、早速1人の男性との出会いがありそうです。キングなので、年齢は質問者さんから見て10歳くらいまで上の方。質問者さんの年齢から考えると、30代後半から40代半ばくらいまでの方でしょう。〈ペンタクルのキング〉ですから、社会的な基盤がある方と言えそうです。見栄えのよさや話の面白さといった魅力には欠けるかもしれませんが、とてもまじめで堅実、仕事をコツコツとされてきた方と予想できます。4月に出会い、この方からアプローチを受けることになるでしょう。

　5月・6月・7月を見ると、愛情を表す〈カップの2〉、幸せな結末を表す〈カップの3〉、愛を注ぐ〈女帝〉ということで、とてもいい状態で進みます。ただどちらも逆位置なので、もしかしたら質問者さんの中ではまだ気持ちが固まらないというか、彼でいいのかと決めあぐねている半信半疑な印象も。7月あたりに彼から決定的なアプローチを受け、8月は〈恋人〉。晴れて恋人同士となるでしょう。今回の鑑定結果としては、出会いは早速4月にあり、8月にかけての期間が重要になると言えます。

　今回は4月以降に進展していくと読める大アルカナが出たため、その先も読んでいきましたが、質問自体は「出会いの有無」を見るものなので、その答えとしては「4月に出会いがある」ということになります。

プラスα 読み解きアドバイス

　8月まででいい結果が出ているので、ここでリーディングは終えられますが、あえてこの続きも読んでいくと、次のようになります。9月は〈カップのエース〉なので、新しい愛が始まり、2人の愛情が深まっていきそう。10月には〈カップの6〉で、2人の関係性の深まりと共に、相手に対して昔からの知人のような親しみがわくでしょう。11月は〈月〉。2人の行く先が見えにくくなるかも。たとえば彼の転勤だったり、関係性が離れてしまったり。それでも1月は〈カップの10〉なので、互いに家族としての未来を見ている可能性も。

関係性の変化と未来がわかる
タイムライン

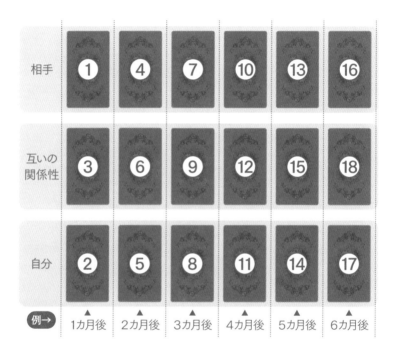

相手	①	④	⑦	⑩	⑬	⑯
互いの関係性	③	⑥	⑨	⑫	⑮	⑱
自分	②	⑤	⑧	⑪	⑭	⑰
例→	▲1カ月後	▲2カ月後	▲3カ月後	▲4カ月後	▲5カ月後	▲6カ月後

　オリジナル・ワンイヤーと同じく、時期を読むためのスプレッドです。特に、6カ月、6年など、ある一定期間のお互いの関係性を見ることができるのが特徴です。上段を相手、下段を自分、中段をお互いの関係性として、どのように変化していくかがわかりやすく出ます。このスプレッドでは基本的に逆位置をとりません。「相手」は人以外に、会社や引っ越し先など、占いたい対象におき換えることが可能です。

—— *Point* ——

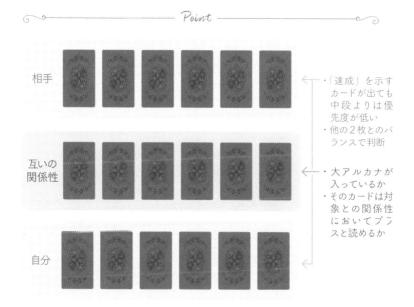

相手

・「達成」を示す
　カードが出ても
　中段よりは優
　先度が低い
・他の2枚とのバ
　ランスで判断

互いの
関係性

・大アルカナが
　入っているか
・そのカードは対
　象との関係性
　においてプラ
　スと読めるか

自分

対象との関係性の変化を見るにあたって、わかりやすいのは中段の「互いの関係性」に注目することです。ここに大アルカナがあるか、その大アルカナが関係性においてプラスと判断できるかで読み解きましょう（180・181ページを参照してください）。「達成と解釈できるカード」が中段に出ていた場合は、その時期がチャンスです。上段・下段にこれらのカードが出た場合も可

能性はありますが、中段よりは重要度が下がり、その他の2枚によっても判断が変わります。

タイムラインは特に婚期を読むのに効果的です。「相手」は決して今出会っている具体的な人物である必要はなく、「まだ見ぬ結婚相手」でも、転職のタイミングを見たいのであれば、「未来の転職先」と設定し、対象と縁のある時期を占うこともできます。

質問例

自分との関係性の変化を見たい対象と、時期を設定しましょう。

◆この先6年間で恋人と結婚できるチャンスはいつ？
◆これから半年間で、いい転職先は見つかる？（転職先を相手とする）
◆半年以内に私のモテ期はくる？（好いてくれる対象を相手とする）

例 この先数年で結婚できる可能性はある？

44歳・会社員

結婚相手	①ワンドのエース（正）	④ソードの10（逆）	⑦ペンタクルのキング（逆）	⑩月（逆）	⑬カップの9（逆）	⑯ワンドの7（正）
互いの関係性	③カップの8（逆）	⑥正義（逆）	⑨節制（正）	⑫皇帝（逆）	⑮ソードの2（逆）	⑱ソードのクイーン（逆）
自分	②ワンドのキング（逆）	⑤ワンドの3（逆）	⑧ペンタクルのペイジ（逆）	⑪ソードのエース（逆）	⑭ソードの8（正）	⑰司祭（正）
	▲44歳	▲45歳	▲46歳	▲47歳	▲48歳	▲49歳

　この先６年間を見てみました。質問者さんは現在44歳ということで、44歳から49歳までの６年間になります。

　まず１年目ですが、44歳の列には大アルカナもありませんし、結婚を表すようなカードもありません。ですからこの年は、特に大きな動きはなさそうです。次に45歳の列を見ると、中段の「互いの関係性」に〈正義〉が出ています。〈正義〉は契約を表すカードですから、結婚の約束のタイミングとして読むことができます。この時、質問者さんのほうは〈ワンドの３〉で未来への展望を見据えているようですから、お相手との結婚に対する希望に満ちあふれているのかもしれません。ただし、お相手のほうは〈ソードの10〉で不安定になっているようで、それどころではなさそうなのが気がかりです。質問者さんと２人の関係性は前向きですが、お相手の状況的に結婚に進むことはできないかもしれません。とはいえこの１年で結婚の話が出たり、約束をしたりといった可能性はありそうです。

　46歳の列を見ると、関係性は〈節制〉です。これも２人が混ざり合っているところが連想され、結婚を表すカードとして読むことができます。さらにこの時の相手は〈ペンタクルのキング〉。質問者さんは〈ペンタクルのペイジ〉で、どちらもペンタクルという共通点があります。ペンタクルは現実的や価値や生活を表すスートですから相性もよさそうですし、この時に２人の経済基盤や生活が安定してくることを示しています。

プラスα　読み解きアドバイス

　結婚のチャンスは複数ありますが、総合的に見た結果、46歳で結婚の可能性が高いと言えるでしょう。また、47歳の時の２人の関係性には〈皇帝〉が出ています。〈皇帝〉も統治、２人の関係性がまとまる＝結婚と読めますが、ここではお相手が〈月〉で不安定なので、バランスを見て〈節制〉のほうを結婚として判断しました。このように、３枚のバランスで判断することが大切です。

カードに親しみながら覚える

カードのイメージが掴めないという方のために、
カードを何かに「たとえ」て覚える方法をご紹介します。
身近なものと結びつけることで、タロットに親しめます。

✦ 物語をタロットでたとえる ✦

慣れ親しんだ物語をタロットでたとえてみましょう。たとえば昔話を「起承転結」に分解し、各場面に適したカードは何かを考えます。通常のリーディングでは現れたカードからストーリーを組み立てますが、この場合は逆にストーリーから当てはまるカードをイメージします。各場面の人物や、その状況に当てはまるカードを連想しましょう。連想ゲーム的に、場面からカードを想像することで、カードを具体的な状況と結びつける練習になります。

例 『桃太郎』

起 桃太郎の誕生
誕生、始まりのイメージ…〈愚者〉

承 仲間と共に鬼退治へ向かう
勇しく鬼ヶ島へ向かうイメージ
…〈ワンドのナイト〉
仲間を率いるイメージ…〈皇帝〉

転 鬼と戦い退治する
戦いのイメージ
…〈ワンドの5〉〈ソードの5〉〈ワンドの7〉

結 財宝を村へ持ち帰る
凱旋のイメージ…〈戦車〉〈ワンドの6〉
仲間と喜び合うイメージ
…〈カップの3〉〈カップの10〉

✦ 人物をタロットでたとえる ✦

キャラクターが特徴的な人物をタロットでたとえてみましょう。著名人や芸能人、歴史上の人物や創作物の登場人物が特におすすめです。また、身近な人物をたとえてみるのも面白いかもしれません。コートカードなら特にたとえやすいですが、その人のおかれた状況から、大アルカナや、コートカード以外の小アルカナにたとえることもできるでしょう。

例

尖った芸風の若手芸人
口達者だが未熟で危うさがあるイメージ
…〈ソードのペイジ〉

成果主義の会社の経営者
一見冷酷だが明晰な思考を持つイメージ
…〈ソードのキング〉

有名男性実業家と結婚した女性
物理的にも精神的にも潤い、
玉の輿に乗った人のイメージ
…〈ペンタクルの9〉

Section5

上達のための
レッスン

基本的な占い方を身につけたら、
今度はカードが秘める可能性を学び
さらに読み解きの幅を広げましょう。
コートカードだけでできる
相性占いのやり方も紹介します。
タロットの世界を堪能する方法として
ぜひとり入れてみてください。

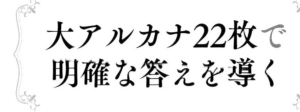

大アルカナ22枚で明確な答えを導く

方向性を示してくれる大アルカナ占い

　大アルカナだけで占う方法は、よく初級者向けの簡易版と言われます。しかし、カードに親しめるだけでなく、大アルカナだけの占い方は時に有効なリーディングを生み出します。大アルカナだけで占うのに向いているのは、以下のパターンです。

・明確な指針やアドバイスが欲しい質問
・大きな節目に関わる質問

　たとえば、行動の指針が欲しい時にワンオラクルで小アルカナが出ると、なかなか明確な答えは得られませんが、大アルカナのみの場合ははっきりとアドバイスを受けとれます。
　私が通常、フルデッキで占う際に大アルカナと小アルカナで強弱をつけるのは、読み解きに起伏をつけられるからでもあります。ただし一人占いの場合は、小アルカナが担ってくれる補足情報（具体的な事象やコートカードが示す人物など）は自分の心の中にあるため、すでに自覚していることが多いはず。そのため、人生の節目に関わる質問の場合、読む必要のない（意味の弱い）小アルカナは使わずに、象徴として多くのヒントを得られる大アルカナだけで占う方法は有効だと言えるのです。

◆ワンオラクルの実例（明確な指針やアドバイスが欲しい質問）

皇帝
（正）

Q 結婚を考えられる相手と
出会うにはどうすればいい？

〈皇帝〉は成功を勝ちとることの象徴。結婚相手を手に入れるためには、行動あるのみ。肉食系になって貪欲にアタックを。

大アルカナのイメージからさらにヒントを得る

絵柄や象徴から、具体的な行動や場所を連想することもできます。〈月〉なら夜の街での出会い、〈恋人〉なら趣味の集まりでの出会い、〈皇帝〉であれば人物のイメージから、社長が集まる会合で縁があるなど。あくまでもプラスαですが、面白い読みができるかもしれません。

◆ケルト十字の実例（大きな節目に関わる質問）

⑤
①
③
②
⑥
⑩
⑨
④
⑧
⑦

①現在／塔（正）
②キーカード／死
③過去／隠者（逆）
④未来／
　吊るされた男（正）
⑤顕在的なこと／
　愚者（正）
⑥潜在的なこと／力（正）
⑦客観的に見た状況／
　運命の車輪（正）
⑧周囲の人物／恋人（正）
⑨希望や恐れ／節制（正）
⑩最終結果／世界（正）

Q 今の家に住み続けるか、住み替えるか夫婦で悩んでいる。

①現在は〈塔〉。建物が崩壊する絵柄から、今の家へのネガティブな印象。離れることを表す〈愚者〉、終わりを示す〈死〉があるため転居したほうがいいと判断し、〈力〉は現状に不満を持ちながらも、耐えようとする心の表れ。タイミングを表す〈運命の車輪〉、〈恋人〉と〈節制〉の先に⑩最終結果として〈世界〉が出るのは、夫婦の目指すべきゴールは先にあり、今の家は最終地点ではないと解釈。ただ④未来は〈吊るされた男〉で、理想の家と出会うには時間を要すると読みました。

大アルカナだけでも強弱をつけていい

すべて大アルカナだからといって、全部を読まなければいけないわけではありません。読まなかったカードの意味が後からわかることもあります。

大アルカナの大まかな イメージを捉える

達成を示すカードをヒントにする

　キーワードを見ても自分の質問にそぐわず、明確な答えを得られない……ということもあるでしょう。そんな時、とりわけ目標達成（結婚、試験など）を問う切実な質問においてヒントになるのが達成を示すカードです。大アルカナは、成功や成就、結婚として読めるカードとそうでないカードに分けられます。

　もちろん明確な線引きはなく、質問内容や他のカードとの組み合わせで違う読み方をすることもありますが、大まかなイメージを覚えておくとリーディングのヒントになるでしょう。

達成と解釈できるカード

《キーワードの意味から》

〈戦車〉	〈運命の車輪〉	〈太陽〉	〈世界〉
勝利、成功	転機、好転	成就、達成	達成、コンプリート

キーワードからそのまま達成と解釈します。ただし、質問内容によって〈世界〉は関係性の達成の形として別れを表すこともあります。

《物事が収まるイメージから》

〈女帝〉	〈皇帝〉	〈司祭〉	〈正義〉
統治する	統治する	神との契約	法、契約を交わす

法の上での契約や、国を統治する＝治めるというイメージから物事が形になる＝成就、結婚と解釈することができます。

《段階が変わるイメージから》

〈審判〉
生まれ変わる

《つながり合うイメージから》

〈恋人〉
精神的な
結びつき

〈節制〉
調和、
つながり

再生のイメージから、ステップアップという意味で達成と解釈できます。ただし、状況の変化を別れや離脱として読むこともできます。

フィーリングが合っている状態、調和がとれた状態のイメージから、関係性における達成と解釈でき、成就や結婚として読めます。

達成とは解釈しないカード

《まだ初期段階にある》

〈愚者〉
スタート、自由

〈魔術師〉
これから創造

《達成には向かっていない》

〈死〉
終わり

〈塔〉
崩壊

〈月〉
先が見えない

物事の始まりを表し、まだ結果が出ていないことから達成とは解釈しませんが、決してネガティブな意味ではありません。

〈死〉は終焉、〈塔〉は崩壊（変化も表しますが達成への方向性ではない）、〈月〉は先行き不透明なため、達成とは読みません。

《自分の中の精神的な部分》

〈女司祭〉
直感、
信条

〈力〉
自制心

〈隠者〉
内省

〈吊る
された男〉
忍耐

〈星〉
理想、展望

《例外的にどちらともとれる》

〈悪魔〉
欲求

事象や状況の変化ではなく、自己の内面にとどまるカードのため達成とは読みません。〈星〉は希望があっても具現化はしていません。

達成を示すとは言えませんが、欲求を満たす＝達成と考えられることも。ただし、その達成は一時的であったり批判を受けたりしそう。

スプレッドを
変形させる方法

スプレッドは使いやすくカスタマイズできる

　スプレッドとは、142ページでも説明している通り、<u>カードを整理し、問題解決の方法を可視化するための配置方法です。ですから、スプレッドも道具として、自分の使いやすいようにカスタマイズしていいのです</u>。

　実際の鑑定現場では様々な質問を受けます。そのため、クライアントの質問に合わせて、既存のスプレッドの必要のない部分を省略したり、逆に数枚足して読んだりすることもあります。スプレッドの基本を押さえていれば、読みやすいようにアレンジするのは自由なのです。私は鑑定現場の机が小さいからという理由でスプレッドを変形させることもあるくらいです。世の中に多くのオリジナルスプレッドがあるように、自分なりのスプレッドの扱い方を見つけてみてください。164・165ページには、フォーウィング・メソッドの選択肢の数を変える方法を掲載しています。特に変形方法としてとり入れやすいのは、以下のパターンです。

　　　・複数の選択肢を比べたい時

　　　・時期読みで期間を変えたい時

◆**変形例1** シンプルクロスを並べて、複数の選択肢をより並列に比較する。それぞれに対する現状とアドバイスを読むことができる。

選択肢1　　　　　選択肢2　　　　　選択肢3

◆**変形例2** タイムラインの期間を延ばし、10カ月先まで占う。より先の未来まで見通すことができる。

1カ月後　2カ月後　3カ月後　4カ月後　5カ月後　6カ月後　7カ月後　8カ月後　9カ月後　10カ月後

◆**変形実例** シンプルクロスの上に2つの選択肢として2枚をプラスすることで、簡易的にフォーウィング・メソッドのように占える。

Q 恋愛をしたいが勉強が
忙しい。どちらかに
したほうがいい？

③選択肢2／勉強
カップのエース（逆）

②選択肢1／恋愛
ペンタクルの3（正）

①現状／
**ペンタクルの2
（正）**

④アドバイス／
ソードのナイト

〈ペンタクルの3〉は、純粋に恋をしたいというより「恋人がいる」という事実や体験が欲しい気持ちの表れ。〈カップのエース〉は感情の面が表れ、恋がしたいモヤモヤで学業にも集中できない可能性を示唆。①現状の〈ペンタクルの2〉は、両方をこなしたい思いの表れ。④アドバイスは〈ソードのナイト〉。出会いの機会は向こうからやってくる可能性が。現状のまま、バランスを心がけていれば、アプローチしてくる男性が現れそう。

このように、スプレッドを変形させることで各選択肢を対比させつつ、現状とアドバイスを簡潔に受けとれます。

コートカードの解釈を極める

コートカードは人物 or 事象として読む

コートカードは、Section 3 で解説している基本的な内容以外に、人物や事象として、さらに解像度をあげて読むことができます。大きく分けて以下のパターンで解釈します。質問内容に応じてコートカードが何を示しているのかを判断しましょう。

質問内容に第三者が関係する場合	・人物として読む
質問内容に第三者が関係しない場合	・事象として読む
質問内容に第三者が関係するが、出たカードの性別の人物が現実にはいない場合	・事象として読む ・実際にいる人物の男性的or女性的な部分として読む ・これから現れる人物として読む

コートカードを人物として見る場合は、基本的にカードの人物のままの性別で捉えます。質問内容にその性別の人物が関係しない場合は「男性の中にある女性的な部分」「女性の中にある男性的な部分」として解釈することもできます。出たカードの性別の人物が現実にいない場合は、質問内容にもよりますが、自分のピンときた（解釈が浮かんだ）もので読むといいでしょう。

人物としての読み方①　性別と年齢域として考える

　主に恋愛における出会いを占う場合の他、協力者や助っ人の存在として読む場合に使います。具体的な年齢ではなく、自分の年齢を基準として、相手が年上か年下かを判断します。恋愛での出会いを占う際、恋愛対象が男性の場合は、キング・ナイト・ペイジを、恋愛対象が女性の場合はクイーンのみを相手の女性として見ます。恋愛以外の場合も、以下の表を参考に、協力者や助っ人の性別や年齢を解釈することができます。

	ペイジ	ナイト	クイーン	キング
自分が男性の場合（恋愛対象が女性の場合）	自分、あるいは自分より年下（10歳程度）の協力者かライバル	自分、あるいは自分と同世代の協力者かライバル	相手	自分、あるいは自分より年上（10歳程度）の協力者かライバル
自分が女性の場合（恋愛対象が男性の場合）	自分より年下（10歳程度）の男性	自分と同年代の男性	自分、あるいは協力者かライバル	自分より年上（10歳程度）の男性

人物としての読み方②　スートでタイプをイメージする

　スートやスートが対応する四元素の要素から、相手の性格として考えることもできます。たとえば、ワンドであれば活動的で情熱のある人、ソードは知的でクールな人、カップは感受性豊かで優しい人、ペンタクルは堅実で経済力のある人、などです。77 ～ 80ページの各スートのイメージを参考にしてみてください。

人物としての読み方①と②を組み合わせた例

〈自分が女性、恋愛対象が男性の場合〉

- **ソードのナイト**…同年代で、知的でクールな雰囲気を持つ男性
- **ペンタクルのキング**…10 歳程度年上で、経済的な基盤があり堅実な男性

コートカードがそれぞれ対応する星座から、人物像を捉えることもできます。右ページの12星座のイメージ例を参考にして、さらに詳しい人柄を想像してみましょう。

	ペイジ	ナイト	クイーン	キング
ワンド	射手座	牡羊座	獅子座	獅子座
ソード	双子座	天秤座	水瓶座	水瓶座
カップ	魚座	蟹座	蠍座	蠍座
ペンタクル	乙女座	山羊座	牡牛座	牡牛座

人物としての読み方①と③を組み合わせた例

〈自分が女性、恋愛対象が男性の場合〉

・**カップのナイト**＝蟹座…感受性豊かで共感力のある、同年代の男性

事象としての読み方① 物事の段階として読む

問題の進捗状況や、気持ちの成熟度として解釈することができます。キングとクイーンは同じ段階を表します。

ペイジ	物事の初期段階（エースと同様）、まだ始まったばかり、芽生え始めている
ナイト	物事が現在進行中、まさに今動いている、まっただ中にある
クイーン・キング	物事の最終段階、安定している、定まっている（ただしクイーンは受動的、キングは能動的）

事象としての読み方①の例

〈質問内容に第三者が関わらない場合〉

・**スプレッドの「過去」の位置にキングまたはクイーンが出た**
…過去に何かがもう決まっていた
・**スプレッドの「現在」の位置にナイトが出た**
…ちょうど今物事が自分の中で動いている
・**スプレッドの「未来」の位置にペイジが出た**
…何か新しいことをしようとしている

事象としての読み方② 対応する星座からアドバイスとして読む

　人物としての読み方③と同じ星座から、行動のアドバイスとして解釈することもできます。

事象としての読み方②の例

〈質問内容に第三者が関わらない場合〉

・**ワンドのキング**＝獅子座（情熱的でリーダーシップがある）
…「自信を持って堂々と振る舞いましょう」

　ここで紹介した読み分けの方法は暗記しなくても、スートの対応する四元素と役職のイメージだけ覚えておけば、読み解きのプラスαになります。最初は人として読むか、事象として読むかの判断に悩むかもしれません。第三者が関わらない場合は事象として読みますが、大抵の質問には他者が関与することが多いはず。そのような場合は難しく考えず、「このコートカードのような人が周囲にいるか？」で考えましょう。思い当たる人物がいる場合はピンとくるもの。自分の直感を信じて判断しましょう。

参考：12 星座のイメージ例

牡羊座	積極的、冒険心、実行力、勇気がある、自由を愛する
牡牛座	保守的、現実的、実利的、意志が強い、粘り強い
双子座	知的、好奇心旺盛、機転が利く、フットワークが軽い
蟹座	親切、情緒的、家庭的、共感力が高い、愛情深い
獅子座	情熱的、寛大、創造的、独立心、リーダーシップ
乙女座	几帳面、計画的、実務的、献身的、鋭い観察眼を持つ
天秤座	社交的、上品、理想主義、公平、優雅、バランス感覚
蠍座	直感力、忍耐力、洞察力、神秘的、ミステリアス
射手座	楽天的、野心、探究心、決断が早い、刺激を求める
山羊座	実行力、注意深い、ストイック、冷静、責任感が強い
水瓶座	論理的、独創的、博愛精神、個性を重視、クール
魚座	ロマンティスト、包容力、純粋、順応性、想像力が豊か

コートカードで相性を占う

　コートカードの16枚のみを使って、手軽に相性を占うことができます。恋愛に限らず、友人や上司、家族など、あらゆる関係性を占うのに使用してみてください。

　引き方は通常通り、16枚のカードをシャッフルし、上から7枚目を①自分②相手として並べます。この場合は、コートカードの性別を意識しなくて構いません。

①自分　　　　②相手

スートで見る

　各スートが象徴する四元素によって判断することができます。同じスート同士、たとえばワンド（火）×ワンド（火）であれば、基本的な相性はいいと言えます。逆にワンド（火）×ペンタクル（地）なら真逆の性質を持ち、価値観が異なるでしょう。

役職で見る

　役職、つまり階級の違いは精神の成熟度を表します。キングとキング、キングとクイーンであれば精神レベルは同じ程度と言えますが、キングとペイジの場合なら精神レベルに差があると解釈します。

正位置・逆位置の判断

　逆位置は採用しなくても構いません。逆位置を使うとしたら、正位置のほうが関係性をリードしている、気持ちが積極的で、逆位置のほうは関係に不満を抱えていると読むこともできるでしょう。

　右のページからは相性表を掲載しています。自分のカードを軸にして、相手との相性を知る参考にしてみてください。

自分が**ワンド（火）** ✕ 相手が**ワンド（火）**

相手▶ ▼自分	ワンドの ペイジ	ワンドの ナイト	ワンドの クイーン	ワンドの キング
ワンド の ペイジ		行動力がある2人。恋は情熱的な仲に。揉めると大ゲンカに発展。あなたが相手を立ててあげて。	一緒にいるとパワーが倍増する最強のパートナー。相手といることで自信を持つことができそう。	刺激し合う2人。成熟した相手があなたを導いてくれるはず。恋愛では障害があるほど燃えそう。
ワンド の ナイト	同じ熱量を持つ2人。世界が広がりそう。2人とも勢い任せなのであなたがブレーキ役になって。		意気投合する2人。ケンカするほど仲がいい関係。相手の気さくさにあなたは安心できそう。	高め合う理想の関係。器の大きい相手に対して本音でぶつかることで、仲はますます良好に。
ワンド の クイーン	相性抜群。エネルギッシュな相手に刺激をもらえそう。まだ未熟な相手をフォローしてあげて。	潜在的に惹かれ合う2人。安定した関係を築けそう。問題が起きたら後回しにしないことが大事。		共通点が多い2人は通じ合える最高の相棒なので意地の張り合いに要注意。
ワンド の キング	なじみやすい関係。一緒にいると長所が伸ばせそう。イニシアチブはあなたが握るとスムーズに。	あなたを新しい世界へと導いてくれそう。せっかちな相手をあなたが正しい方向に導いてあげると◎。	相性は抜群。一緒にいるだけでパワーをもらえそう。お互いに我が強いので衝突には注意して。	

自分が**ワンド（火）** ✕ 相手が**ソード（空気）**

相手▶ ▼自分	ソードの ペイジ	ソードの ナイト	ソードの クイーン	ソードの キング
ワンド の ペイジ	ノリがよく意気投合。相手の会話のテンポのよさに惹かれそう。困難があると関係が壊れることも。	2人の違いが刺激に。居心地よく時間を共にできる関係。時に相手の優柔不断さに苛立ちそう。	気の合う2人。相手の聡明さに惹かれそう。お互いに束縛を嫌うので、自由を尊重すると長続き。	個性を尊重し合うとうまくいくはず。さっぱりした関係。主導権は相手に渡してあげたほうが◎。
ワンド の ナイト	打ち解けられる相性。フランクな相手に翻弄されることもあるので、適度な距離感を保って。	反発し合っても惹かれ合う2人。お互いのよさを吸収して助け合えばベストパートナーになれそう。	お互いのユニークな考えに共鳴できる関係。イニシアチブをとろうとせず、対等を心がけて。	タイプは違っても笑いのツボや相性はぴったり。相手の考え方から学べることが多そう。
ワンド の クイーン	相手といると刺激やワクワクを得られそう。駆け引き好きな相手を安心させてあげると関係は長続き。	どちらも行動的で一緒に楽しめる相性。相手に刺激を与えてあげると関係は盛りあがりそう。	異なる性格の2人。尊重し合えれば唯一無二の関係に。シビアな相手の心をほぐしてあげて。	一見すると真逆のタイプではあるものの、気の合う部分も多そう。切磋琢磨していける関係。
ワンド の キング	好相性。相手のフットワークの軽さに魅力を感じるものの、落ち着きのなさが目につくかも。	頭脳明晰な相手と、パワフルなあなたはバランスのいい関係。補い合って二人三脚で進めそう。	衝突しやすい関係。どちらも個性が強いので、それを楽しむことができればいい関係を築けそう。	理解し合うには時間を要するものの、一度近づいたら長続きするはず。よきライバルのような関係。

自分が**ワンド（火）** ✕ 相手が**カップ（水）**

相手▶ ▼自分	カップの ペイジ	カップの ナイト	カップの クイーン	カップの キング
ワンド の ペイジ	テンポは違うものの価値観が合う2人。補い合えばうまくいきそう。ほどよい距離感を保つこと。	考え方に違いが。恋愛ではかえって化学反応を起こしそう。あなたが素直に相手に甘えると◎。	相手のペースに飲まれがち。無意識に惹かれそう。なかなかタイミングが合いにくいので注意。	価値観が異なる2人。うまくいけば、恋愛では強烈に惹かれ合うことも。判断は相手に委ねて。
ワンド の ナイト	性質の異なる2人。相手に庇護欲をそそられますが、頼られすぎてあなたが損することも。	正反対ゆえに尊敬し合えそう。仕事では好相性。恋愛では繊細な相手を傷つけないように注意。	理解し合うには時間がかかりそうな2人。恋愛では相手の嫉妬心が顕著に。お互いの妥協点を探して。	ややすれ違いがちな2人。話し合いが必要。行動派のあなたと感情派の相手で補い合って。
ワンド の クイーン	頼られたいあなたと甘えたい相手のバランスは◎。共依存関係に陥らないように注意して。	普段は順調ですが、足並みが乱れると大ゲンカに発展。あなたが一歩引いて相手を見守ってあげて。	価値観は正反対でもきっかけさえあれば相棒に。相手は繊細なので、あなたはどっしり構えて。	性質が異なるからこそ不思議と惹かれ合いそう。価値観のズレも楽しむくらいの心構えを。
ワンド の キング	気まぐれな相手をあなたがリードする関係。相手のために厳しくすることも愛情と心得て。	ドラマティックな関係の2人。ケンカも避けdetては通れませんが、乗り越えられれば絆は強固に。	ベースは違っても悪くはない相性。感性豊かな相手に癒やされそう。気持ちを素直に伝えて。	お互いに遠慮しがちな関係。自分とは異なる部分を理解し、認め合うことで関係は良好に。

自分が**ワンド（火）** ✕ 相手が**ペンタクル（地）**

相手▶ ▼自分	ペンタクルの ペイジ	ペンタクルの ナイト	ペンタクルの クイーン	ペンタクルの キング
ワンド の ペイジ	大切なものが異なり、相手のペースが読みにくくすれ違いがち。理解し合えるとベストパートナーに。	先走るあなたを相手がフォロー。恋は進展しにくいけれど、関係が深まれば長く付き合えそう。	足並みが揃いにくいものの、よさを認め合えば良好。恋では相手に縛られがちで不満を抱くかも。	相手に頼りがいを感じそう。恋では相手に物足りなさもあるものの、甘えさせてくれるはず。
ワンド の ナイト	保守的な相手をじれったく感じますが、相手の視点が役立つことも。歩み寄るといい相棒に。	相反する性質ですが、同じ目標があると団結。仕事でも恋愛でも切磋琢磨できる関係です。	ペースの違う2人。苛立つこともありますが、相手の寛容さに癒やされ助けられることも。	足並みは異なるといい相棒に。相手の知性に感銘を受けることも多そう。
ワンド の クイーン	思考も行動も正反対の2人。慎重派の相手を安心させてあげることが、関係を良好に保つコツ。	相手のまじめさを窮屈に感じますが、友好的に接することで仲は深まりそう。時間をかけて。	真逆なように見えて意外と共通点の多い2人。あなたから積極的に接してあげるとよさそう。	打ち解けるには時間を要します。現実的な相手には、目に見える行動で気持ちを伝えて。
ワンド の キング	すれ違いがちな2人。ただ相手に助けられることも多いので、感謝を伝えれば関係は長続き。	お互いに何かと気になる存在。慎重な相手をリードして、じっくりと関係性を築くと◎。	相手の知性に救われますが、窮屈に感じることも。保守的な相手を新しいことに誘い出して。	衝突すると修復には時間がかかります。相手の心に土足で踏み入らないように注意して。

190

自分が **ソード（空気）** × 相手が **ワンド（火）**

相手▶ ▼自分	ワンドの ペイジ	ワンドの ナイト	ワンドの クイーン	ワンドの キング
ソード の ペイジ	刺激し合える関係。一緒に新しい楽しみを探求できそう。建設的な話し合いが長続きのカギ。	相性は良好。恋愛では、ベタベタしすぎず友達のようなサッパリとした距離感が向いています。	息ぴったりの2人。相手のほうが積極的ですが、任せきりになって甘えないように注意して。	相性抜群。どちらも好奇心旺盛なので、マンネリ化もなさそう。困ったらすぐに相手に相談を。
ソード の ナイト	一緒にいるとお互いにパワーアップできる関係。2人の世界に没入しすぎないように注意。	助け合う2人。相手が悩みを吹き飛ばしてくれそう。あなたが相手をフォローすることも。	相性抜群。どちらも洗練された身のこなしで、周囲から一目おかれる組み合わせになりそう。	波長が合う最高のパートナー。恋愛ではロマンティックというよりも、爽やかな友達関係に。
ソード の クイーン	刺激を与え合う関係で切磋琢磨できそう。どちらも束縛を嫌うので風通しのいい関係作りを。	話してみるとすぐに意気投合。恋の進展もスムーズですが、相手に気圧されがちなところも。	どちらも我が強く衝突も多そうですが、惹かれ合うのも事実。プライドを捨てて歩み寄って。	対照的な性質に惹かれそう。わかり合えればいいパートナーに。相手の情熱を受け入れて。
ソード の キング	一緒にいると悩みが解消されそう。ただ距離が空くと突如疎遠になることも。あなたがリードして。	新しい刺激を与えてくれそう。相手の情熱とあなたの冷静さという違いを楽しめる関係。	刺激的な関係ですが、トラブルも多発。意地を張ると関係が破綻する恐れも。余裕を持って。	衝突は避けられない関係。ただしお互いの個性が刺激になって、張り合いが生まれます。

自分が **ソード（空気）** × 相手が **ソード（空気）**

相手▶ ▼自分	ソードの ペイジ	ソードの ナイト	ソードの クイーン	ソードの キング
ソード の ペイジ		居心地のいい関係。ただ、どちらも感情表現が苦手なので、時には本音でぶつかってみて。	気がつくといつも一緒にいるような2人。相手の厳しさがあなたにとってはいい刺激になりそう。	無理なく一緒にいられる関係。成熟した相手から学ぶことは多そう。リードは相手に任せて。
ソード の ナイト	世界を広げ合う関係。好奇心旺盛な者同志で楽しめそう。密なコミュニケーションを心がけて。		自然と相手に惹かれそう。相手の強い意志に導かれますが、深入りしすぎず適度な距離感を。	価値観の合う2人。思い切って相手の懐に飛び込めば、相手ももっと心を開いてくれるはず。
ソード の クイーン	相性のいい2人。一緒に楽しさを探求できそう。友情のほうが強く愛情には発展しにくい場合も。	無理なく自然体でいられる関係。美的センスや感覚が似ているので、すぐに親密になれそう。		共通点の多い2人。ただ関係を深めるには時間がかかりそう。勇気を出して一歩踏み出して。
ソード の キング	お互いがよき理解者に。ただ、放っておくと相手は離れていくことも。感謝や愛情は伝えて。	興味関心の方向性が似ていて、打ち解けやすい関係。ただ、うわべだけにならないよう注意。	距離を縮めるには時間がかかる関係。苦手意識を持たずに、積極的に話しかけるとよさそう。	

自分が**ソード（空気）** ✕ 相手が**カップ（水）**

相手▶ ▼自分	カップの ペイジ	カップの ナイト	カップの クイーン	カップの キング
ソードの ペイジ	真逆な2人。相手に手を焼くかもしれませんが、一緒にいると新たな価値観も得られそう。	気になる存在。繊細な相手をわずらわしく感じつつも、相手の優しさに愛情を感じそう。	献身的な相手に救われますが、それを疎ましく思うことも。冷たい態度で接しないよう注意。	誠実に向き合うほど、相手も真剣に応えてくれそう。遊び半分での付き合いは控えること。
ソードの ナイト	何かと縁のある2人。だんだんとお互いの魅力に気づきそう。苦手意識を持たずに接して。	衝突しがちなペア。恋愛ではかえって惹かれ合う。個性を尊重することを意識すると◎。	正反対な性格の2人。相手にフランクな関係を求めるなら、深入りしないほうがいいかも。	ペースが異なる2人。相手の気持ちを受け止める覚悟が持てれば、居心地よく過ごせそう。
ソードの クイーン	真逆の性質を持つ2人。夢想家な相手が新しい世界を見せてくれることも。一緒に楽しんで。	相手の感情が重荷になってすれ違いがち。それでも相手の優しさには感謝の気持ちを持って。	理解し合うには時間がかかりそう。相手の感受性を吸収するように意識して、歩み寄って。	相手の感情に振り回され、価値観の違いにモヤモヤしがち。相手を不安にさせないように注意。
ソードの キング	ソリが合わない2人。ただし、困った時は親身になってくれるので、違いを乗り越えて助け合いを。	困った時に支え合える関係。相手のありがたみに気づければ、違いを超えて絆が深まりそう。	関係を長続きさせるには、根気が必要。価値観の違いと向き合うことができれば良好に。	対照的な性格の2人。恋愛観も真逆。そんな障壁を乗り越えることができればよきパートナーに。

自分が**ソード（空気）** ✕ 相手が**ペンタクル（地）**

相手▶ ▼自分	ペンタクルの ペイジ	ペンタクルの ナイト	ペンタクルの クイーン	ペンタクルの キング
ソードの ペイジ	長所と短所を補い合うことができればいいパートナーに。お互いから学ぶ気持ちを持つと◎。	お互いに理解しがたい部分があるものの、用心深い点が似ている2人。時間をかけて向き合って。	ペースに違いがある2人。相手は慎重で堅実派なので、忍耐強く接すると距離が縮まりそう。	親しくなるには時間がかかるものの、仲よくなれればいい関係に。相手から学ぶ姿勢を持って。
ソードの ナイト	お互いに苦手意識があるかも。あなたが相手をリードして、積極的に働きかけるとよさそう。	考え方が正反対で、相手のペースの遅さに苛立ちそうですが、根っこの精神性は一致しそう。	関わるうちにだんだんと仲よくなれそう。苦手意識を持たず、相手の優しさに身を委ねて。	似ているようで、根本的な価値観がズレている2人。違いを楽しむ気持ちが持てると良好に。
ソードの クイーン	円滑に進展しない関係。コミュニケーションのすれ違いが多いので、発言に責任を持つこと。	保守的な相手を退屈に感じそう。相手のこだわりの強さを理解して、尊重してあげると◎。	人生に求めるものが違いそう。関係の発展はスローペース。長い目で見て誠実に向き合って。	足並みの揃わない2人。互いにもどかしさを覚えそう。焦らずじっくり関係を築けば絆は強固に。
ソードの キング	歩幅の違う2人。相手の未熟さを受け止めて、妥協点を探るようにするとわかり合えるかも。	なかなか距離の縮まらない関係。先入観を持たず、相手の言葉によく耳を傾けると親密になれそう。	相手は時間をかけて距離を縮めるタイプ。忍耐強く待てば、次第に心を開いてくれそう。	一度結びつけば絆が生まれるものの、それまで苦労しそう。譲り合いの気持ちを持つこと。

自分が**カップ（水）** × 相手が**ワンド（火）**

相手▶ ▼自分	ワンドの ペイジ	ワンドの ナイト	ワンドの クイーン	ワンドの キング
カップ の ペイジ	お互いから学べる関係。あなたが不安に思っていることは、相手は案外気にしていないかも。	リーダーシップのある相手に、身を委ねたくなりそう。相手に甘えて依存しすぎないように注意。	考え方が異なる2人。理想を相手に押しつけず、自立した付き合いができれば関係は良好。	あなたは自分にはない相手の長所に惹かれ、美化しがち。それが相手の重荷になるので注意。
カップ の ナイト	相手の言動に振り回されることも。重く捉えずに、気楽な付き合いを楽しむとよさそう。	相反する性質を持つ2人。行動的でエネルギッシュな相手にハラハラさせられることもありそう。	衝突しやすい関係。相手を立ててあげると、ピンチの時には強い味方になってくれるはず。	持つエネルギーが異なる2人。相手への理解や献身を態度で示してあげるとうまくいきそう。
カップ の クイーン	相手が軽薄に見えそう。ただ、深刻になりがちなあなたの救いとなってくれる面もあるはず。	2人とも情熱的ですが、その本質には少し違いが。相手の持つストレートな向上心が刺激に。	正反対の相手から学ぶことがありそう。苦手意識を持たず、相手のリードに任せてみて。	寛大な相手に心を開けばいいパートナーに。思い切って相手の情熱に身を委ねるとスムーズ。
カップ の キング	考え方も成熟度も大きく異なる2人。大きな愛で相手を包み込み、多めに見てあげると◎。	テンポが合わない2人。相手のスピード感についていけない時は、ただその背中を支えて。	世界観の異なる2人。相手の親しみやすさに助けられることも。敬遠せずに接するといい変化が。	一緒にいることで大きな学びがありそう。互いに高め合って成長できる、メリットのある関係。

自分が**カップ（水）** × 相手が**ソード（空気）**

相手▶ ▼自分	ソードの ペイジ	ソードの ナイト	ソードの クイーン	ソードの キング
カップ の ペイジ	苦手意識を抱きそう。理論派の相手を冷たく感じることも。ほどよい距離感を意識して。	人間関係を大切にする2人。互いのテリトリーを理解し、2人ならではの距離感を築くことが大事。	真逆のタイプで、あなたが傷ついたり悩んだりしやすい関係。見返りを求めないことが大切。	相手の率直な言動に傷つけられそう。相手から学ぶことも多いので前向きな気持ちで接して。
カップ の ナイト	かみ合わなさが新鮮に感じられる関係。軽やかな相手にはベタベタしすぎずフランクな対応を。	少し距離感のある2人。遠慮や苦手意識があるのかも。相手の長所を教わるつもりで接して。	理解し合うには時間がかかりそう。自由な相手に安定を求めるとうまくいかない可能性が。	お互いに反感を抱きやすい2人。相手の態度に一喜一憂すると身が持たないので、気楽に構えて。
カップ の クイーン	好奇心旺盛な部分が似た2人。ただ、相手は警戒心が強いのでほどよい距離感を保って。	少し難しい組み合わせ。反発心を抱くことも。相手のペースについていけないと感じそう。	お互いに理解できない部分が。どちらも精神性は高いので、絆ができれば助け合えるかも。	すれ違いが多くモヤモヤが募りそう。相手に理解を示すことが距離を縮めるポイントに。
カップ の キング	あなたからしてみると、相手が軽薄で未熟に見えそう。親しくなるには何気ない会話から始めて。	相手の言動に不満を抱きそう。ただ相手の社交術には見習う点も。時には相手のペースに乗ってみて。	わかり合えない組み合わせ。お互いの意見によく耳を傾けないと、2人の距離は縮まらなそう。	個性の強い相手にあなたは手こずりそう。進展を焦らず、まずは相手の考えを受け入れてみると◎。

自分が**カップ(水)** ╳ 相手が**カップ(水)**

相手▶ ▼自分	カップの ペイジ	カップの ナイト	カップの クイーン	カップの キング
カップ の ペイジ		フィーリングの合う2人。一緒にいて安心できそう。周りが見えなくなることがないように注意。	自然と意気投合して親密になれる関係。相手の深い愛情に対し、気後れせずに甘えると◎。	相性抜群。ロマンティックな展開も。のめり込みすぎて自分を見失わないように気をつけて。
カップ の ナイト	性格の似た2人。甘え上手な相手を可愛く思えそう。お互いのために時には厳しさも持って。		思いやりにあふれた関係。相手があなたをしっかりと受け止めてくれそう。恋では共依存に要注意。	どちらも感情派のためわかり合えそう。嫉妬や束縛に気をつければ、理想的な関係を築けるはず。
カップ の クイーン	自然と心が通い合う関係。相手に庇護欲をかき立てられそう。相手を縛りすぎないよう注意。	感性が近く居心地よく過ごせる2人。相手が嫌がることがわかるので、理解し合える関係に。		同じ熱量を持ち、運命的に惹かれ合う2人。お互いを心から思い合える穏やかな関係になれそう。
カップ の キング	言葉がなくても通じ合える2人。理想家な相手をあなたが知性の面でフォローできそう。	一緒にいると安心でき、自信や勇気もわきそう。恋愛もスムーズに進むはず。依存には注意。	お互いへの共感を大切にすることで、最高のパートナーになれる2人。気持ちを言葉にして。	

自分が**カップ(水)** ╳ 相手が**ペンタクル(地)**

相手▶ ▼自分	ペンタクルの ペイジ	ペンタクルの ナイト	ペンタクルの クイーン	ペンタクルの キング
カップ の ペイジ	性質の異なる2人。だからこそ反発することもあれば、惹きつけられることも。尊重がカギ。	考え方は違えどテンポは似た2人。あなたの考えを根気強く説明していくと絆が深まりそう。	相手は堅実で考え方異なるものの、安心感を与えてくれそう。進展はゆっくりだけど着実。	進展はスローでも相性は良好。理想家のあなたに相手は現実的な方法を教えてくれそう。
カップ の ナイト	穏やかな関係。あなたの繊細な気持ちに寄り添ってくれそう。恋の進展はスローペースかも。	相性が異なる2人。相手の気難しい部分をよく気のつくあなたがサポートするといい相棒に。	一緒にいて心が休まる関係。繊細なあなたを落ち着かせてくれそう。恋はマンネリ化しがち。	頼もしい相手に心強さを覚えて惹かれそう。ただ、保守的な相手に物足りなさを感じることも。
カップ の クイーン	最高の相性。気配りの行き届いたいい関係。知的好奇心を刺激する話題が進展のカギになりそう。	物事に向き合う姿勢が似た2人。親しくなるきっかけを掴めれば、最高のパートナーに。	共通点は多くないものの、不思議と相性は良好。一緒にいることで新たな喜びが得られそう。	お互いの違いを楽しめる関係。ただ、一度関係がこじれると修復は困難。冷静に話し合いを。
カップ の キング	いいパートナーシップを築ける関係。自然とわかり合えそう。焦らずに時間をかけて関係を築いて。	性格の違いから学ぶことも多く、相性は抜群。あなたは相手の冷静さやまじめさを見習って。	物事を追求する点で共通点がある2人。どちらも大らかなので、歩み寄ればいい関係に。	違いによって惹かれ合い、相手に安心感を覚えそう。恋はのめり込みすぎないよう注意。

自分が**ペンタクル(地)** × 相手が**ワンド(火)**

相手▶ ▼自分	ワンドの ペイジ	ワンドの ナイト	ワンドの クイーン	ワンドの キング
ペンタクル の ペイジ	性質の異なる2人。大らかな相手なので、ざっくりわかり合えればOKという心構えで接して。	保守的なあなたと勝ち気な相手なので、緊張感がありそう。うまく連携できればいい関係に。	パワフルな相手にあなたは少し気圧されがち。でも、相手のリードにうまく乗れるとスムーズに。	苦手意識を持たず、フォローするように接するといい関係に。相手の行動力から学べることがあるはず。
ペンタクル の ナイト	ペースの異なる2人。相手の向こう見ずな部分をフォローしてあげると感謝されることもありそう。	正反対の2人だからこそ、学びの多い関係。相手の勇敢さを吸収し、一緒に進んでみて。	欠点を補い合うパートナー。お互いの違いを認め合えばいい関係に。恋は助け合いが大切。	行動的な相手と頭脳派のあなた。かみ合わない部分があっても、うまく助け合えればプラスの関係に。
ペンタクル の クイーン	自由を好む相手なので、あなたは不安を抱きやすいかも。相手にペースを合わせるよう意識して。	安定志向のあなたは行動的な相手に惹きつけられるはず。相手のリードに乗るとよさそう。	似ているからこそ、すれ違うとややこしいことに。張り合わず、対等な関係を意識するとよさそう。	共通点が多い2人。頑固な面も似ていますが、あなたが少し折れて相手をサポートしてあげて。
ペンタクル の キング	ペースの異なる2人。フットワークの軽い相手に嫉妬するかも。信じる気持ちを大切にして向き合って。	パワフルな相手があなたを引っ張ってくれそう。戸惑わず、刺激を楽しむ余裕を持って。	同じ土俵で張り合うと衝突しそう。仲を深めるコツは、相手の話をよく聞いてあげること。	長所も短所も似ている2人。だからこそ相手の欠点を自分も気をつけるようにすると、いい関係に。

自分が**ペンタクル(地)** × 相手が**ソード(空気)**

相手▶ ▼自分	ソードの ペイジ	ソードの ナイト	ソードの クイーン	ソードの キング
ペンタクル の ペイジ	最初は衝突ばかりでも、欠点を補い合えれば最強の相棒に。慎重になりすぎずに接して。	自分にないものを持つ相手に憧れる反面、苛立ちを感じることも。大らかに向き合うことがカギは。	互いの知性に惹かれ、高め合う関係。相手の奇抜な言動も楽しんで。ただ、干渉は禁物。	好相性の2人。大切なのは適度な距離感を保つこと。相手の自我の強さを尊重してあげて。
ペンタクル の ナイト	違いを補い合える、理想的な2人。恋愛も楽しく刺激的。相手の要領のよさに救われそう。	一筋縄ではいかない関係。でも、一緒にいると世界が広がるので偏見は捨てて積極的に交流を。	堅実なあなたと革新的な相手。緊張感を生む関係ですが、それも楽しめるといい刺激になりそう。	真逆の2人。仲よくなるには時間がかかるかも。あなたから柔軟に働きかけてあげると◎。
ペンタクル の クイーン	異なる性質に惹かれ合う2人。衝突はつきもの。テンポの違いを認め、適度な距離感を保って。	価値観が似ているので何でも一緒に楽しめる2人。恋愛も好相性ですが、意見の押しつけは禁物。	少し不安定な関係。どちらも頑固なので衝突すると長引きそう。譲り合いの精神を持って接して。	考え方が異なる2人。衝突の背景には羨望や嫉妬もありそう。まずはその気持ちを素直に認めて。
ペンタクル の キング	性質が異なり、憧れと反発の複雑な感情を抱きやすい2人。違いを自覚して楽しむと◎。	似ている部分の多い2人。些細な違いも楽しめそう。お互いの魅力を高め、刺激し合える関係。	自由な相手にやきもきしそう。恋愛は発展しにくいけれど、一度結びつけば強固な絆を築けるはず。	些細な価値観も人生の方向性も異なる2人。一緒にいるには、頑固さを捨てて柔軟な対応を心がけて。

自分がペンタクル(地) ✕ 相手がカップ(水)

相手▶ ▼自分	カップの ペイジ	カップの ナイト	カップの クイーン	カップの キング
ペンタクル の ペイジ	正反対だからこそ、うまく助け合えれば最高の相棒に。デリケートな相手を甘えさせてあげて。	不思議と波長の合う2人。恋愛でも理想的なパートナーに。お互いに癒やしを得られそう。	バランスのいい2人。お互いに本音を話すことで打ち解けられそう。ただ、依存のしすぎは禁物。	安定感のある関係。ただし、相手の独占心がトラブルの元に。適度な距離感を保ったほうが◎。
ペンタクル の ナイト	性格は違うものの円満な関係。あなたの実直さが、優柔不断な相手に安心感を与えるはず。	お互いの不足をうまく補い合い、一緒にいると安心できる2人。恋愛でも穏やかな関係に。	徐々に仲が深まり、強い結びつきに。献身的な相手なので、思い切って身を委ねると喜ばれそう。	仲よくなるには時間がかかりそう。でも、価値観を共有するうちにお互いがかけがえのない存在に。
ペンタクル の クイーン	お互いの繊細さを理解し、支え合えそう。でも、遠慮ばかりでは共倒れの恐れも。時には本音で話して。	立場を超えて友達のようにフランクな関係。スリルを求めるより、穏やかな関係を育むと◎。	仲よくなったら深くのめり込む反面、一度すれ違ったら修復は困難。慎重に付き合って。	一筋縄ではいかない、愛憎の入り混じった、濃密な関係。一緒にいるとスリリングな経験を味わえそう。
ペンタクル の キング	一緒にいると相乗効果が生まれる2人。2人きりの世界を楽しめますが、共依存には要注意。	ノリが同じなのですぐ打ち解けられる2人。お互いに主体性を保った付き合いが長続きのカギ。	現実的なあなたと感情的な相手。すれ違いは避けられないものの、不思議と惹かれ合うはず。	強く結びつくか、激しく衝突するか両極端な関係。劇的な展開を迎えるので、心構えを。

自分がペンタクル(地) ✕ 相手がペンタクル(地)

相手▶ ▼自分	ペンタクルの ペイジ	ペンタクルの ナイト	ペンタクルの クイーン	ペンタクルの キング
ペンタクル の ペイジ		居心地のいい関係。ただ、少しマンネリ化しやすいかも。時にはあなたから相手に思う存分甘えて。	安定感のある2人。どちらも行動力はあまりないので、同じ目標に向かって挑戦すると◎。	心が通い合い、穏やかな関係に。一緒に趣味を開拓したり、変化を楽しむと絆が深まりそう。
ペンタクル の ナイト	好相性の2人。どちらもじっくり物事を進めるタイプなので、ストレスなく過ごせそう。あなたがリードを。		共通点の多い2人。どちらも安定志向なので恋はやや刺激不足。積極的に新しいことに誘い出して。	価値観や行動のペースが似ている2人。恋は展開を焦らずゆっくり距離を縮めると◎。
ペンタクル の クイーン	共通点は少ないものの息の合う2人。慎重な相手なのでうまくサポートしてあげると、絆が深まるはず。	安定感のある組み合わせ。どちらも現実的なので落ち着いた関係に。恋はやや刺激不足かも。		価値観のよく似た2人。どちらもマイペースで仲よくなるには時間がかかりそう。焦らず向き合って。
ペンタクル の キング	縁の深い関係。相手は慎重派なので、あなたがどっしり構えて支えてあげると安心してもらえるはず。	強い心の結びつきがある2人。正直で野心的な相手といると、あなたは安心感を得られそう。	趣味を通して仲よくなれそう。恋はスリルはないものの、安定感のある理想的な関係を築けるはず。	

196

Section6

賢龍雅人の
一人占い指導

ここからは、一人占いの実録です。
実際にタロット初級者から中級者の方の
一人占いに賢龍雅人が立ち会いました。
一人占いでつまずきがちな点へのヒントや、
実践的なリーディングのポイント、
カードのイメージの広げ方など、
リアルな解釈例がもりだくさんです。

前向きに仕事を続けていくためのアドバイスが欲しい。

35歳・Aさん

ワンドの6
（正）

A：仕事のステップアップにつながるアドバイスを伺いたいです。タロットはまったくの初級者なのですが、どう解釈したらいいのでしょうか……？

賢龍：難しく考えなくて大丈夫です。このカードの人物を自分におき換えたら、どんなことが想像できますか？

A：馬に乗っていて、進んでいる感じがしますね。……ということはこのまま突き進めばいいということでしょうか？ この人物はしゃんと胸を張っています。こんなふうに堂々としていればいい、などと想像しました。

賢龍：そうですね！ とてもいい読み方だと思います。〈ワンドの6〉は勝利を表すカードなんです。Aさんはすでに、仕事で何らかの成功を収めてこられたのではないでしょうか？ 祝福されるべき功績があるということです。ですからもっと自信を持つといいと思いますよ。その自信がさらなるスキルアップにつながるはずです。

疎遠になった友人は私のことをどう思っている？
1

28歳・Bさん

①友人が
私をどう
思っているか／
運命の車輪（正）

②
アドバイス／
**ペンタクル
の3**

賢龍：疎遠になってしまった友人の気持ちが知りたくて、できるならもう一度仲よくしたいということですね。①を「友人が私をどう思っているか」、②を「アドバイス」として設定しましょう。

B：〈運命の車輪〉は何だかネガティブに読んでしまいます。友人からは何とも思われていないというか、時の流れで変わってしまうのはどうしようもないという意味でしょうか。②は小アルカナなので、大アルカナの〈運命の車輪〉に比重をおくと、流れに逆らわないほうがいいのかなと。こちらから連絡をとったりはしないほうがよさそう。ただ、〈ペンタクルの3〉のキーワードには「堅実な関係性」「信頼される」とあるので少し前向きですね。タイミングを表す〈運命の車輪〉と合わせると、もしまたタイミングが合えば仲よくで

きるのかな？ そう思いたいです。

賢龍：私もそんなふうに読むと思います。まず①「友人が私をどう思っているか」で大アルカナが出ていますよね。これなら、相手からも結構思われていると解釈していいでしょう。小アルカナならそこまであなたへの気持ちはないかもしれませんが。〈運命の車輪〉は逆位置ならタイミングがはずれたとも言えますが、今回は正位置ですし、今まさにご友人はBさんのことを思っているのかも。時の流れと共に疎遠になってしまっただけで、信頼を損なったわけではないと思いますし、〈ペンタクルの3〉ですからまた信頼関係を紡げると思いますよ。〈運命の車輪〉が示すように、今こそ行動すべきです！

B：こんなに前向きに解釈できるんですね。友人に連絡する勇気が出ました！

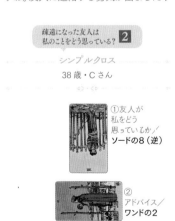

疎遠になった友人は
私のことをどう思っている？ **2**

シンプルクロス
38歳・Cさん

①友人が
私をどう
思っているか／
ソードの8（逆）

②
アドバイス／
ワンドの2

賢龍：Bさんに続けて、あとお2人同じように見てみましょう。

C：私の場合はどちらも小アルカナです。大アルカナが出てこないとなると、ちょっと判断しづらいですね。

賢龍：では図像で判断しましょうか。

C：図像で見ると、どちらも動きがある感じはなさそうです。〈ソードの8〉を見ても、目隠しをしているし、何だか友人は今大変な状況にありそう。友人は私のことを気にしてないというか、身の回りのことで精いっぱいなのかもしれません。〈ワンドの2〉は、遠くを見つめていますよね。いつかその時が来るかもしれないけど、今何かをすべきというわけでもないのかなと思いました。これは……保留でしょうか？ あまりはっきりした答えが出ません。

賢龍：そうですね。〈ソードの8〉でお相手を見てみると、Cさんとは関係なく、今は人と距離をおいているのかもしれません。〈ワンドの2〉は安定と不安、静寂と活発など相反するものを表すカードです。数字的に見ても「2」は葛藤など表しますから、今は行動する段階ではなさそう。Cさんの読み通り、今は保留という形で、そっとしておいたほうがいいでしょう。Cさんが今お相手に連絡してみても、なかなか返事がないということになりそうです。こういった質問で、「相手が私をどう思っているか」のところに大アルカナが出ない場合は、相手の頭の中は他のことでいっぱいなのだと判断していいでしょう。

シンプルクロス

30歳・Dさん

①友人が
私をどう
思っているか／
ワンドの9（逆）

②
アドバイス／
ワンドの6

D：〈ワンドの9〉の図像は怪我をしていますね。先ほどのCさんの例を参考にすると、友人が今大変な状況にあるということでしょうか。もう1枚は勝利を表す〈ワンドの6〉でキーワードにも「信頼を得る」とありますし、よさそうに見えます。怪我をしている友人の様子と合わせると、私が馬に乗って今すぐにでも助けに行ってあげたほうがいいのかも!?

賢龍：図像で判断することも大切ですが、まず大アルカナがあるかないかで考えてみてください。大アルカナがある場合は、相手からも思われていると判断できますが、今回はどうですか？

D：どちらも小アルカナですね……。

賢龍：そうです。ですから、今すぐ会いに行く必要はないと思いますよ。〈ワンドの6〉の図像から「助けに行ってあげたほうが？」ということでしたが、「どうすればいいか」というアドバイス

で読むならば、ちょっと見方を変える必要があります。これは凱旋パレードをしている状況ですよね。戦いが終わり、その余韻に浸っている感じ。これからすぐに動き出すわけではありません。大アルカナがなく、相手から今思われているわけではないことと合わせると、すぐに行動を起こすのではなく、今は過去の思い出や関係性を懐かしむだけでいいと思いますよ。

スリーカード

この会社で働き続けた場合の 3年後、5年後の未来は？ **1**

26歳・Eさん

①現在／
**ワンドの
ナイト（正）**

②3年後／
**カップの
9（逆）**

③5年後／
**ペンタクルの
7（正）**

賢龍：お仕事の未来をスリーカードで見てみます。通常は①過去②現在③未来ですが、今回は①を現在として、知りたい未来を②3年後、③5年後と区切って設定します。こちらも同じ質問で3名の例を比較してみましょう。

E：〈ワンドのナイト〉を見ると、現在は目の前の仕事に向かって猪突猛進しているイメージを受けました。3年後は〈カップの9〉の逆位置。精神的な

満足を表すカードですし、この人も成功者のような顔をしているからまああ満足しているのかな？　でも逆位置ですね。満足していないところもありそうです。5年後は〈ペンタクルの7〉。収穫を振り返るカードなので、これまでの仕事を振り返って、それなりに実りを得られているのかなと思います。

賢龍：〈ワンドのナイト〉は闇雲に仕事をしている感じがありますね。〈カップの9〉は、私なら違う読み方をします。先ほど「逆位置だから満足していないところも？」と言っていましたが、この場合、満足はしているんです。逆さまになっても、この図像の彼は満足していますよね？　ただ、この満足は自己満足です。ちょっと独りよがりになっているのかもしれない。でも5年後は〈ペンタクルの7〉ですから、それなりに地盤もできて、結果が伴ってきている。ようやくここまでやってこられたと、これまでの功績を眺めています。面白いのは、スートがばらばらだったことですね。今はとにかくワンドのエネルギー＝勢いで仕事をしているのかも。そこから3年後はカップですから、精神性。自分自身の満足感や充実感を大切にしている……けれど、まだここでは未熟な部分があって、自己満足の世界。でもそれがあったからこそ、5年後には一人前と言えるほど成長できるということですね！

E：あと5年は勉強ということですね。今回〈カップの9〉は逆位置でしたが、逆位置をとるかとらないかの判断はどうすればいいのでしょう？

賢龍：今回は枚数が少ないので、あえて逆位置をとりました。私はクライアント向けにリーディングをする時はストーリー性を重視するので、抑揚をつけたい時に逆位置をとることが多いです。それに今回は3枚とも小アルカナでした。小アルカナだけだとリーディングにメリハリがないので、逆位置を読んだという理由もあります。もし1枚でも大アルカナが出ていたら、逆位置をとらなかったかもしれません。ただ、一人占いの場合はご自身が納得できればいいので、必ずしもストーリー性を重視する必要はないですよ。

この会社で働き続けた場合の
3年後、5年後の未来は？　**2**

スリーカード
28歳・Fさん

①現在／　　②3年後／　　⑤5年後／
ペンタクルの　　世界（正）　　ペンタクルの
8（正）　　　　　　　　　　　10（正）

F：〈ペンタクルの8〉のキーワードには「信頼関係を重視する」、仕事だと「修行中」とあります。私はこの会社ではまだ2年目なんですが、それを表しているようです。〈世界〉は「プロジェクトの完遂」や「目標達成」とあるので、

3年後には何かしらの一区切りを迎えられると読めそうです。〈ペンタクルの10〉は読み方がわからないです。というか私、5年後も今の会社にいるんですね……？

賢龍：前半はいいですね。〈ペンタクルの8〉は職人を示すカードです。見習い段階という意味もありますから、まだ入社して間もない、今のFさんの状態を表しています。〈世界〉はある種の完成や達成を意味しますから、もしかすると、結婚などで退職しているとも考えられます。もしくはFさんが今の会社に入った時に立てた目標があるのなら、その目標を達成したと考えることもできます。〈世界〉の読み方によって、〈ペンタクルの10〉の解釈も変わりますね。もし退職すると読むのなら、〈ペンタクルの10〉は次の会社で成功すると捉えられます。目標を達成して同じ会社で働き続けている場合、5年後にはより多くの報酬を得られるのかもしれません。〈ペンタクルの10〉は継承を表すカードでもありますから、先輩の立場になって後輩を育てていると読むこともできます。どちらになるかは〈世界〉の読み方次第です。

F：質問内容は「この会社で働き続けた場合の3年後、5年後の未来は？」ですが、3枚目を今の会社を辞めた後の未来として読んでもいいんですか？

賢龍：はい、タロットはそういうものです。人生には意図しないことが起きるものですから、そんな可能性を見せてくれるのもタロットの醍醐味と言えるでしょう。特に〈世界〉や〈死〉が出た時は、「元の質問はこうだったけどその質問に反してこうなる」など、質問を根底から覆してしまう可能性もあります。今回はFさんが「もしかしてその頃には彼と結婚しているかも？」と思えるのならそう読めばいいですし、「入社時のあの目標を達成できるんだ！」と思えるのならそう読むのが正解だと思います。今の会社で働き続けたいかそうでないかでも、読み方を変えていいんです。ポジティブに自分の見たい未来のほうで読みましょう。とても大事なことですが、人には自由意志というものがあります。それをタロット占いの結果が超えることはないと、私は思います。

F：一人占いですから、自分の気持ちにフィットするように読んでいいのですね！

賢龍：その通りです。質問は明確にする必要がありますが、それは一人占いでは何かとネガティブなリーディングに陥ってしまいがちだからです。自分がポジティブになるための解釈ならば、とり入れていいでしょう。どちらにしても今回のケースでは3枚とも正位置ですし、〈世界〉が出ていますから、未来が明るいことは明白です。

スリーカード
38歳・Gさん

①現在／　　　②3年後／　　　③5年後／
ワンドの　　　吊るされた男　　　節制
キング（逆）　　（逆）　　　　　（逆）

G：全部逆位置です！　〈ワンドのキング〉は、現在ガツガツ仕事をしているイメージです。でも逆位置だから、社内で悪目立ちしているような感じもありそう……。〈吊るされた男〉は身動きがとれない状況!?　3年後は忙しいけれど実りがないとか、いい状況ではなさそう。〈節制〉のキーワードを参考にすると「個性を失う」とありました。今は〈ワンドのキング〉でやりたいようにやっているけど、5年後には組織に縛られていたりして……？

賢龍：今回は3枚全部逆位置なので、1枚ずつ逆位置の意味を見なくて大丈夫です。1枚だけ逆位置の場合とは違いますし、大アルカナも出ていますから、最初はすべて正位置で読んでいきましょう。〈ワンドのキング〉は、おっしゃる通り、エネルギッシュに仕事に打ち込んでいるのがわかりますね。キングなので、Eさんの時に出た〈ワンドのナイト〉と比べると、社内の立場も

確立されているのでしょう。〈吊るされた男〉は何か目的のため我慢して他のことを頑張っているなど、意味のあることだと捉えられます。自分自身の目標を達成するための努力ですし、図像でも頭に後光が差していますから、ネガティブに考えないでいいでしょう。〈節制〉はある意味物事の達成を示していて、「混ざる」や「つながる」、「願いが届く」など、錬金術の完成を表すカードです。3年後、〈吊るされた男〉で我慢していたけれど、その結果5年後にはやりたかったことを達成できるのではないでしょうか。最後に逆位置の要素をプラスして読んでみましょう。全体的には、忍耐しながらも目標に辿り着いて成功することを表しています。ただ逆位置ということを鑑みると、ご本人の中で「私はまだまだ」など納得できていないのかも。1枚ずつ逆の意味で読んでいくと読みにくくなってしまいます。逆位置ばかりという時は「本人が納得していない」ということが多いので、それを最後にひねりとして加えるといいですよ。

G：私の読みとはまったく違う結果になりましたね！

賢龍：一人占いだと、逆位置をネガティブに読みがちですね。基本的にはポジティブに解釈することが大事です。正逆の意味を覚えるのは大変なので、まずは正位置だけで読むのもいいですよ。

ヘキサグラム

ネガティブな彼女とうまく付き合っていくためにはどうしたら?

22歳・Hさん

①過去:**ソードのナイト（正）**
②現在:**節制（正）**
③未来:**月（正）**
④相手:**ソードの3（正）**
⑤自分:**カップの7（正）**
⑥アドバイス:**ペンタクルのペイジ**
⑦結論:**ソードの2（正）**

賢龍:今回はヘキサグラムで関係性を見るので、配置の意味を少し変えて読んでみましょう。

H:彼女が後ろ向きで自分に自信がなくて、そんな彼女とどうしたらうまく付き合っていけるかを占いたいです。②現在の〈節制〉は「調和のとれた関係」など、よさそうなイメージですが、③未来が〈月〉なのは不安です。でもキーワードを見ると「人知れず育む愛情」「丁寧に培っていく関係性」ともあるので前向きに捉えていいのでしょうか。

賢龍:〈月〉は正位置ですし、いい感じが継続すると捉えて大丈夫ですよ。

H:①過去は〈ソードのナイト〉で前進している感じです。キーワードには「助けてくれる人」とありますが、過去としてはどう解釈するのでしょうか?

賢龍:Hさんが〈ソードのナイト〉のように彼女を助けてきたと考えていいでしょう。

H:彼女の相談に乗ることはよくあるので、そういうことを自分が彼女を助けた過去と捉えていいのですね。⑤自分は〈カップの7〉。キーワードには「理想が高い」「恋に恋する」とありますが、現在の自分がこうだということでしょうか?

賢龍:今回は④を相手、⑤を自分とみなして組んでいるので、この2枚を対比させて読むといいですよ。自分が「カップ」で、相手は「ソード」という立場で読むとどうなるでしょうか。

H:④の彼女は悲しみを表す〈ソードの3〉です。彼女は悩みを抱え込むタイプなので、このカードのように心に傷ができているのかも。そんな状況の中で、唯一相談できる相手が僕なのだと思います。ただ、2枚の関係性を見て彼女が〈ソードの3〉らしいのはわかるのですが、自分側の〈カップの7〉は解釈が難しいです。

賢龍:Hさんが彼女さんに理想を抱いているような部分はないですか?

H:それは少しあるかもしれないです。僕は彼女を運命の相手だと思っている

ので……。

賢龍：彼女を運命の人だと信じることで、ある意味、期待を持ってしまっている部分があるのかもしれないですね。彼女は「私にそんなに期待をかけられても……」というような気持ちがあるのではないでしょうか。

H：⑥アドバイスは〈ペンタクルのペイジ〉。「堅実な相手」を示すようですが、これは相手として読むのですか？

賢龍：これは自分の行動へのアドバイスとして読みましょう。彼女に対して、自分が〈ペンタクルのペイジ〉のように接するとしたら何ができると思いますか？

H：誠実に接すれば関係が続くということ？　もしくは、経済力をつける？

賢龍：経済力でもいいですが、自分が「カップ」で、相手は「ソード」ですね。ここことの違いを考えてみます。カップは感情や気持ちで伝えるというイメージですが、ペンタクルは物質的で現実的なスートです。要するに、行動や結果で示すと考えてもいいかもしれません。Hさんが抱く理想に彼女は重圧を感じているようですから、そういった言葉ではなく、結果や行動で示すのがいいのではないでしょうか。単純に一緒にいる時間を増やすのもいいと思いますよ。〈ペンタクルのペイジ〉を信頼と読んでもいいでしょう。気持ちはつながっているようですから、それを形にしていくイメージです。

O：なるほど。ただ、⑦結論の〈ソー

ドの2〉が気になります。「関係の停滞」ともあるのですが……。

賢龍：〈ソードの2〉の意味は、もちろんそれだけではありません。ソードですから、お互いの関係性を「よく理解する」ことがキーワードなのかも。彼女も〈ソードの3〉ですから、彼女のソードらしい要素にHさんが寄り添ってあげるようなイメージも持てると思います。

H：均衡をとる〈節制〉もあるから、「協調」とつながりそうですね。

賢龍：そうですね，カップとソードのバランスをとると考えることもできます。それから、どうすればもっと理解し合えるか話し合うのもいいですね。④の彼女と⑦の結論のカードがソード同士なので、コミュニケーションをとることは大事です。カップのように感情で訴えるより、物事をもっと現実的に話していくような感じ。彼女が悩んでいたら、改善策などを具体的に話していくといいでしょう。②現在も〈節制〉ですごくいいカードですから、⑥アドバイスの〈ペンタクルのペイジ〉に従って、結果で示すことを意識するといいと思います。私の読みでは大アルカナを特に重視するので、たとえ〈ソードの2〉や〈ソードの3〉で少しネガティブに思えても、大アルカナの〈節制〉でグンと運気はあがっているから心配する必要はないですよ。

ヘキサグラム

自分と性格の違う
母との付き合い方に
悩んでいる。

18歳・Ｉさん

①過去：**ワンドの4（正）**
②現在：**カップの5（正）**
③未来：**世界（正）**
④相手：**カップの6（正）**
⑤自分：**ソードの2（正）**
⑥アドバイス：**女帝**
⑦結論：**カップの8（正）**

Ｉ：カードの意味はまったく覚えていない初級者です。どこから読んでいけばいいでしょうか？

賢龍：では大アルカナと小アルカナの区別もご存知ないですよね。そういった場合は、直感的に自分が気になった**カードから読んでいいですよ。カードの図像から判断しても大丈夫です。**

Ｉ：①過去は〈ワンドの4〉ですが、何だか穏やかで幸せそうな人々が描かれていて、人間関係ではいい意味がありそうですね。キーワードでも「居心地

のいい関係」とあります。これまで母とはぶつかることも多かったのですが、総合的に見たら良好な関係が築けていたのかなとも思うので、そういうことを表しているのでしょうか。でも②現在は〈カップの5〉で、悩みを抱えている自分の姿と重なる気がしました。今大学１年生なんですけど、大学受験の頃から母と揉めることが増えて……。

賢龍：お母さんを表す④**〈カップの6〉**とＩさんを表す⑤**〈ソードの2〉**は何だか雰囲気が違いますね。

Ｉ：〈カップの6〉はすごく幸福感があるように見えます。

賢龍：そうですね。〈カップの6〉からは他にどんなイメージを受けますか？

Ｉ：花をあげているのを見ると、穏やかで優しそうな雰囲気です。〈ソードの2〉はちょっと冷たいというか、張り詰めた雰囲気を感じます。

賢龍：少し対照的ですよね。お母さんのほうは温かみがありますが、それに対して緊迫感のある〈ソードの2〉は、「お母さんが私のことをわかってくれない！」というＩさんの気持ちを表しているのかもしれません。

Ｉ：それは今の自分の気持ちに合っていると思います。でも、③未来の〈世界〉は「ちょうどいい距離感」ですよね。①過去は〈ワンドの4〉でおおむね良好で、それが②現在〈カップの5〉で悩みを抱えるようになってしまって、模索した結果、今後ほどよい距離感を見つけられるんでしょうか……？

賢龍：〈世界〉からアドバイスをもらうとしたらどう読めそうでしょうか？

Ｉ：人間関係からの解放として読むのであれば、母との関係に執着しすぎなければうまく付き合っていける、ということでしょうか。

賢龍：すばらしいです！　⑦結論の〈カップの8〉も理解できそうですね。

Ｉ：自発的に行動するということ？　今まで持っていたものを自分から手放すということでしょうか。

賢龍：その通りです。つまりＩさんが自立していくということですね。お母さんとの関係を占う際に〈女帝〉が出た場合は、やや束縛的で過保護な母親像を表すこともあります。ただ、〈世界〉には卒業といった意味がありますから、今のステージを卒業して、Ｉさんご自身がお母さんの元から巣立っていく過渡期なのかもしれません。今回は意味を細かく読まなくても、カードの図像のイメージからほとんど読めましたね。自分の状況に合わせてポジティブに読めていてとてもいい解釈でした。

ヘキサグラム

友人関係にある
片思いの相手に
告白したらどうなる？

20歳・Ｊさん

①過去：**ワンドの9（逆）**
②現在：**カップのキング（正）**
③未来：**ペンタクルのクイーン（逆）**
④相手：**ワンドのキング（逆）**
⑤自分：**女帝（正）**
⑥アドバイス：**ワンドのナイト**
⑦結論：**隠者（正）**

賢龍：こちらも相手との関係性を占う時のヘキサグラムの配置を使います。友人に告白したいということですが、お相手とご自身のカードはどうでしょうか？

Ｊ：〈ワンドのキング〉は良心的な人を表すんですね。何となくのイメージですが、合っている気がします。私は〈女帝〉なんですね！　キーワードを見ると「寄り添う」などとありますが、これはどういう意味でしょうか。

賢龍：Ｊさんがお相手に寄り添い、愛情を与える立場だと考えられると思います。

J：①過去は〈ワンドの9〉で止まっている感じがします。「アプローチできない」「停滞した関係」とありますね。実際進展していないので……。

賢龍：②現在はどうですか？

J：〈カップのキング〉ですが、これを2人の関係性として読むのが難しいですね。でも感情を表す意味が多いから、お互い感情を出せる関係が築けていると解釈していいでしょうか？

賢龍：いいと思いますよ。**悩みを聞いてあげたり、寄り添ったりできる感じがあると思います。**③未来の〈ペンタクルのクイーン〉を告白した後として見てみるといかがでしょうか。

J：ペンタクルだから「信頼」がキーワードになりそうですね。ただ逆位置で、キーワードにも「焦っている」ともあります。これだけで見ると、告白をしてもすぐに発展して付き合えるということはなさそうでしょうか。

賢龍：失敗や成功というわけではなさそうですね。⑥アドバイスの〈ワンドのナイト〉はどう読めそうですか？

J：このカードが表す意味が、私へのアドバイスということでしょうか？

賢龍：アドバイスカードですが、**コートカードなので助けに入ってくれる人物として読むこともできますよ。**〈ワンドのナイト〉ですから、とり持ってくれそうな同い年くらいの男友達とか……。ワンドなので行動力のあるような人物です。思い当たる人がいなければ、普通にアドバイスとして読んで

もいいでしょう。その場合は、Jさんご自身が〈ワンドのナイト〉のような行動をするといい、ということになります。

J：なるほど！ 私はそのままアドバイスとして、私に対して「動け！」というメッセージなのかなと捉えました。

賢龍：いいですね。それでは⑦結論の〈隠者〉はどうでしょう？

J：このカードは内省のイメージですね。

賢龍：これはちょっとそのままの意味だと難しいかもしれません。

J：考えている感じ？ 行動を起こすより考えろということ？ でも⑥アドバイスは〈ワンドのナイト〉ですし、どう読んだらいいでしょうか。

賢龍：私の読み方の場合ですが、**結論なので「2人の関係性の結論」として読みます。**〈隠者〉は時間を必要とするという解釈もできるんです。〈女帝〉や〈ワンドのナイト〉を見ると、きっとJさんには抑えきれない気持ちがあるのでしょう。そしてお相手は、その気持ちをしっかりと受けとってくれると思います。ただ、〈隠者〉が出たように、告白によって2人の関係性が突然変わるわけではなさそうですね。時間をかけてじっくりと変化していくのではないかと思います。ただJさんを表すのが〈女帝〉なので、この関係性のイニシアチブはJさんが握ることになります。お相手を包み込む大きな器もあるのでしょう。Jさんの気持ちが告白に向かっているのなら、〈ワンドのナイト〉も出ていることですし、気持ちを伝えてもい

いかも。告白するという行為自体が、〈女帝〉が表す「愛を与える」というキーワードと結びつくように思います。告白をすることで、関係性が今後じっくりと進展していくかもしれませんよ。

J：自分が〈女帝〉というのがちょっと面白いですね。

賢龍：〈女帝〉は恋愛においてとってもいいカードですよ。包容力のある、母性的な女性というイメージです。彼の感情を受けとってあげたり悩みを聞いてあげたりすると、よりよい関係になれるかもしれませんね。

ケルト十字

夢か就職かで悩んでいる。自分は将来、どんな分野で活躍できる？

22歳・Kさん

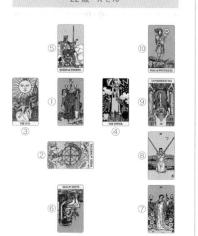

①適職：**カップの3（正）**
②適職：**運命の車輪**
③現在：**太陽（正）**
④将来的な姿：**塔（正）**
⑤適職：**ソードのクイーン（正）**
⑥適職：**カップのクイーン（逆）**
⑦客観的に見た状況：**ペンタクルの9（正）**
⑧働く環境、業界：**ソードの2（正）**
⑨希望や恐れ：**司祭（逆）**
⑩将来的な姿：**ペンタクルのペイジ（正）**

賢龍：創作活動の夢を持ちつつも、現実的に就職することも考えているということですね。どちらの可能性も含めながら、ご本人がどんな分野で活躍できる可能性があるのかを見ていきましょう。今回は出たカードから実際の業界や職業を連想して考えていくという方法で、適職を見ていきます。少し特殊な例なので、スプレッドの展開方法を少し応用させます。③の位置を現在にして、中央の縦軸①②⑤⑥を自分の適職という感じで読みます。将来的な姿を④⑩、自分の働いている姿を客観的に見た状況を⑦。働く環境や業界が⑧、希望や恐れを⑨。そんな形で見るとどうでしょうか？

K：それにならって読んでいくと、③現在は〈太陽〉で結構エネルギッシュ。いろんなことに興味がある感じでしょうか。でもネガティブに考えたら、選択肢が多くて迷っている状況を表していそうです。

賢龍：いいですね。いい未来がいっぱいあるようにも見えますよ。

K：逆にどれを選んだらいいか……。

賢龍：では、縦軸から仕事のイメージを考えましょうか。

K：はい。まず①適職は〈カップの3〉で、仕事の成功を望んでいる感じでしょうか。1人でやるよりは誰かとやっているような感じがします。

賢龍：グループや組織のイメージが合っていますね。

K：〈運命の車輪〉も生き物がたくさん描かれているので、もしかしたら1人でやる仕事よりは、何人かでやる仕事が向いているのかなと思いました。〈カップのクイーン〉は逆位置ですが、正逆はとったほうがいいですか？

賢龍：ここは適職ですし、逆位置をとることにあまり意味はないので、とらなくてもいいですよ。

K：〈カップのクイーン〉が「夢のために行動する」。そもそも就職をするか創作の夢を追いかけるかで悩んでいますが、夢を続けるためには生活費を稼がなくちゃならないし、夢は夢として着実に仕事をしろということでしょうか。〈ソードのクイーン〉に「合理的な判断」とあるので、やっぱり仕事と創作は分けたほうがいいのかなという感じがします。でも崩壊を表す〈塔〉があるのでちょっと怖いですね。

賢龍：読むところが多くてキーワードをたくさん拾ってしまいがちですが、**まずは大アルカナに注目しましょう。**これは突然結論になってしまいますが、**〈運命の車輪〉が出ているので人の人生を変えるような仕事が向いているということだと思います。**③現在〈太陽〉で描いているものが将来の仕事につながっていくということかもしれません。〈塔〉と〈司祭〉だけ見ると、〈司祭〉は物事を伝えていく、伝承する役割があります。〈塔〉は劇的な変化を示しますから、たとえば誰かにとって打ち破れない壁があった時に、協力して打開してあげるような職業が想像できます。そして〈運命の車輪〉は転機やタイミングを表しますし、小アルカナの〈カップの3〉からはカップ＝創造性と考えられるので、それらを合わせると、人を導いてその人の道を作ってあげるような仕事がいいのかなと思いました。たとえばキャリアカウンセラーや、誰かを指導する役割、伝える役割。実際に学部ではどんな就職先が多いのですか？

K：コンサルタントや外資系企業です。

賢龍：コンサルタントもまさにそうですよね。人を指導してよくなる方法を伝えて、人の人生を動かしていく。そう読むと、〈運命の車輪〉で人の人生を動かしてよりよくしてあげて、〈塔〉でその人の前にある壁を突破させてあげる役割を果たす。今回は具体的な職種をイメージするために展開しているので、要するに自分の運命として読むのではなく、「職業だったらどんなものか？」と読んでいきます。結果的には誰かを指導したり、導いたりする仕事がいいんじゃないでしょうか。〈太陽〉も人の未来を創るものです。このような読み方で、現実的な職業や自分の希望と合わせて考えられるのではないかと思います。

K：⑧の働く環境や業界はどう読むのでしょうか。

賢龍：〈ソードの2〉は目隠しした人が剣を持っていますね。図像のイメージで想像するとした場合、たとえばまだその業界はあまり開拓されていない分野なのかも。

K：⑨希望や恐れは〈司祭〉ですね。何か伝えたいという思いでしょうか。⑩将来的な姿の〈ペンタクルのペイジ〉は、「何かを確立させたいという思い」「仕事への没頭」とありますが、どう読むべきですか？

賢龍：〈司祭〉は人に何か教える立場でもありますね。〈ペンタクルのペイジ〉は仕事への満足感を得られると考えられそうです。それか新しい分野を打ち立てていくのかもしれませんよ。

K：それは実際少し考えています。〈ソードの2〉と〈ペンタクルのペイジ〉が当てはまりますね。これから何か新しい分野の仕事が出てくるとしたら、そこで何か人を動かせるような仕事ができるのでしょうか。

賢龍：人の役に立つような何かをするのかもしれませんね。それこそ〈司祭〉のようにルールを作る人になるのかも。規則を作るとか、業界とか日本とか全体を動かす仕事かもしれない。〈運命の車輪〉から人の人生を動かすと言いましたが、業界全体を変えていく立場になると考えられます。それに〈太陽〉ですから、すでにそのヒントは手にしているのかもしれませんよ。

ケルト十字

今度ゼミの活動で取材をする機会がある。成功させるためには？

22歳・Lさん

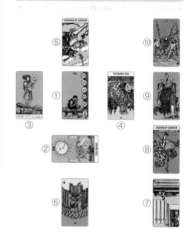

①現在：**ペンタクルの8（正）**
②キーカード：**月**
③過去：**ペンタクルのペイジ（正）**
④未来：**女帝（逆）**
⑤顕在的なこと：**ソードのナイト（逆）**
⑥潜在的なこと：**カップの9（逆）**
⑦客観的に見た状況：**ソードの4（逆）**
⑧周囲の人物：**ワンドのナイト（逆）**
⑨希望や恐れ：**カップの3（正）**
⑩最終結果：**ワンドの5（正）**

L：①現在は〈ペンタクルの8〉です。キーワードをヒントにすると、私自身の向上心が表れているのでしょうか。でも、②キーカードは〈月〉ですね。何だか不安な感じがします。取材がうまくいかないということでしょうか……。

賢龍：結果が〈月〉というよりは、まだ先が見えなくて不安になっているL

さんの気持ちの表れとして考えていい
と思いますよ。それぞれキーワードを
参考に読んでみてください。

L：③過去は〈ペンタクルのペイジ〉で、
「堅実な相手」という意味がありますね。
取材相手の方はお堅いというか、気難
しい人らしいです。本来過去を表す位
置ですが、お相手として読んでもいい
のでしょうか？

賢龍：はい、コートカードなので、取
材相手の人となりを作りあげてきた、
お相手の過去として読んでもいいと思
いますよ。

L：④未来の〈女帝〉のキーワードには
「横柄な態度」とあります。これもお相手
の気難しさを表しているのかも。⑥潜在
的なことには〈カップの9〉で、「社交辞
令」とありました。ゼミの先生からは
心配しなくて大丈夫だと言われるんで
すが、それは社交辞令なんでしょうか!?

賢龍：そこまで気にしなくていいと思
いますよ。この位置は第三者の潜在意
識ではないですから。

L：⑤顕在的なことの〈ソードのナイト〉
は、的確な判断ができる人物ですよね。
これを私と捉えるとポジティブな感じ
がします。でも、⑦客観的に見た状況
の〈ソードの4〉は「他人を避ける」と
あり、⑧周囲の人物の〈ワンドのナイト〉
は「協調性がない」「周囲との決裂」
とあります。〈ソードの4〉と〈ワンド
のナイト〉をお相手とすると、やはり
取材相手の方は気難しそうです……。

賢龍：その解釈自体も、あくまでLさ

んが〈月〉のように不安を抱えている
からだと思いますよ。お相手のことが
まだよくわからないからこそ、お相手
の人柄を先入観で見た結果が出ている
のではないでしょうか。

L：では⑨希望や恐れの〈カップの3〉は、
お相手と親交を深められたらいいな、
という私の希望なのかも。⑩最終結果
には〈ワンドの5〉で「高め合う」とあ
りますが、誰とのことでしょうか。

賢龍：全体的にLさんのインタビュー
に対する不安な気持ちがよく表れた結
果になりましたね。〈ワンドの5〉は、
1人であれこれと考えるよりも、仲間
に相談したほうがいいということです
ね。〈カップの3〉はLさんご自身の気
持ちでもありますし、〈ワンドの5〉同
様、共同作業やチームワークがLさん
にとっての支えになるのかもしれませ
ん。1人で抱え込まずに、周りのゼミ
仲間などを巻き込んでみるといいかも
しれませんよ。全体を通して、核とな
るのは〈月〉です。先行きが見えず、
お相手がどんな方かもわからないし、
不安が多くてLさんの中で取材に対す
る明確なビジョンを描けていないのか
もしれません。ですから、もっとお相
手の情報を集めたり、取材の流れをも
っと詳細に考えてみたりするといいの
ではないでしょうか。**不安だからこそ
ネガティブな読みになってしまいがち
ですが、特に小アルカナは余計なとこ
ろまで結びつけて解釈する必要はあり
ません。**

フォーウィング・メソッド

小説の創作活動と、新しく始めたい作曲、どちらが向いている？

24歳・Mさん

B　　　　　　　A

⑬　⑨　⑤　　④　⑧　⑫

②　①　③

⑭　⑩　⑥　　⑦　⑪　⑮

①現在：**カップの7（正）**

現在をとり巻く状況
②：**司祭（正）**　③：**恋人（正）**

選択肢 A
④：**魔術師（正）**　⑧：**ワンドの10（正）**
⑫：**カップの6（正）**

選択肢 B
⑤：**カップのクイーン（正）**
⑨：**ワンドのクイーン（正）**
⑬：**ペンタクルのエース（正）**

決断するうえで助けとなること
⑥：**節制（正）**　⑩：**ペンタクルの10（正）**
⑭：**ワンドの8（正）**

流れは変えられないが利用できること
⑦：**ペンタクルのキング（正）**
⑪：**ソードのキング（正）**
⑮：**ペンタクルのナイト（正）**

M：小説や詩の創作が好きなのですが、最近作曲にも興味が出てきました。で

も中途半端になるのは嫌なので、前者を深めるか後者を新しく始めるか、アドバイスが欲しいです。

賢龍：今回はこのスプレッドの特性上、伝統的な解釈に従って逆位置は考慮しません。右上の３枚が今のまま創作活動を続けるか（A）、左上の３枚が作曲を新たに始めるか（B）としましょう。

M：今の自分を表すのは〈カップの7〉です。夢見がちということ？　（A）に〈魔術師〉が出ているので、小説のほうがいいのでしょうか。現在をとり巻く状況②に〈司祭〉がありますが……。

賢龍：〈魔術師〉や〈司祭〉から、Mさんのモチベーションの高さがうかがえますね。これはある意味、神の言葉を伝える人たちのカードです。

M：〈恋人〉には「マスメディア」や「バラエティ」、「創造性を発揮」という意味もあるのですね。創造や伝えることに対するモチベーションの高まりが表れている感じがします。

賢龍：〈恋人〉は真実とか真理の象徴です。エデンの東にいる蛇は、もともと真実や英知を授けるものなのでそういう解釈もできます。ウェイト＝スミス版的に読むと英知を知ると解釈してもいいし、それを共有できる仲間を求めていると考えてもいいでしょう。

M：もしかしたら、〈司祭〉で伝えたいことがあって、それは〈カップの7〉みたいに空想的なものに見えるかもしれないけれど、〈恋人〉のように共有したい、伝えたい、仲間を集めたいとい

う感じなのかもしれないです。

賢龍：もしくは〈恋人〉自体が、自分がメッセージを伝える相手との出会いとして見てもいいと思います。それを伝える手段が小説か作曲か。そんな今のMさんを表しているようですね。

M：〈魔術師〉の「作る」というイメージでそのまま読めそうですよね。キーワードの「技術職」とか。

賢龍：そうですね、職人的なカードと言えます。

M：ここに技術職とあるので、その通り小説などの創作をやっていったらいいのかなと思いました。ただ、残りの2つが、〈ワンドの10〉と〈カップの6〉。〈ワンドの10〉のキーワードは「責任を負う」、「疲労」とありますが……。たしかに、小説を書くのはすごく大変なんですよね。そんな「疲労」を表す〈ワンドの10〉でしょうか。〈カップの6〉は、「仕事の縁がつながる」とありますが、未来でそういう人、業界、言葉を紡ぐ人と縁があると考えられますか？

賢龍：〈カップの6〉は幼少期や、もともと好きだったものなどを表します。ノスタルジックな感情や、過去の思い出という解釈もできます。幼い頃から書くことが好きだったのですか？

M：本には触れてきました。表現するのもずっと好きだったように思います。

賢龍：なるほど。本当に小説は得意分野なんでしょうね。それでは左上の(B)側、作曲のほうはどう読みますか？

M：クイーンが2枚も出ていますね。

あと〈ペンタクルのエース〉。もし作曲するなら、覚悟しろということ？

賢龍：読み方としては、まず（A）には大アルカナの〈魔術師〉が出ましたよね。反対に、（B）は小アルカナのみです。そうすると、どちらが得意そうに見えます？

M：（A）の小説です。（B）のコートカードをどう捉えたらいいのでしょう。

賢龍：たとえば人物だったら、Mさんが作った曲を望んでくれている人がいるとか、一緒にやる人がいるとも考えられます。または、Mさん自身をクイーンとした場合、ある程度落ち着いた感情でやっていて、どちらかというと受動的な感じ。カップとワンドなので、感情的なところや自分の衝動的な思いを曲で表現していきたいのかもしれないですね。ただし、どちらが向いているかという質問に立ち返ると、やっぱり（A）の創作活動のほうが圧倒的に向いています。なぜかというと現状を表す中央の3枚が、結果をすぐに求めているような感じがするからです。まず〈司祭〉と〈恋人〉は大アルカナですから、意志が強く出ていると考えられます。〈カップの7〉は理想を表すカードですが、まさに両隣の〈司祭〉と〈恋人〉が欲しいということを表しているようです。自分の言葉で伝えたいという希望の表れではないでしょうか。

M：なるほど。ただ、〈カップのクイーン〉〈ワンドのクイーン〉のキーワードを見ると「夢のために行動する」「確実な成

功を遂げる」とありますが、（B）のほうはそれでも弱いのですか？

賢龍：そうですね。そもそもの質問に立ち返ってみると、「どっちが向いているか」ということですから、曖昧な（B）と比べたら（A）のほうが圧倒的に強いでしょう。それでは左下のヒントを見てみましょうか。（A）か（B）かを選ぶ時に大事なことを見てみます。

M：まず〈節制〉なので、キーワードだと「節度を保つ」「自制心」「錬金術」。

賢龍：〈節制〉は混ざり合うことを表していますよね。Mさんは異なる（A）と（B）の活動で迷われていて、（B）にも挑戦したいのですよね。それなら「一緒にやっちゃったら？」というアドバイスとして考えられそうです。優先順位としては、（A）だと思いますが。

M：（A）を優先しつつも、両方やったらいいんじゃないかということですね。

賢龍：そうです！ このスプレッドは他と少し違っていて、全部を1個1個読まなくてもよくて、3枚の塊ごとに読んでいいんです。そうすると、（B）には動きがないんですよ。ペンタクルと、図像的にもどっしりと座っているクイーンですから。でも（A）は〈魔術師〉が強い。やっぱり大アルカナが出ているところは強い意志があって、結果が出せると読めます。

M：右下の「利用できること」を見ると、ここは全部コートカードです。どういう意味でしょうか。

賢龍：これは周囲の仲間や協力者なん

じゃないかなと思います。

M：たしかに周りにはたくさん人がいます。

賢龍：または、自分の感情として読む場合もあります。自分自身をキングとして、安定して続けようと思っている。いつか創作か作曲かというジャッジをできる。もう1枚のナイトもペンタクルなので、コツコツ両方やっていくということかも。自分がしっくりくるほうで読んでいいですよ。

M：全部人だから、小説を読んでくれる人として解釈してもいいでしょうか。

賢龍：それもいいですね。まとめに入ると、まず中央の3枚と（A）の〈魔術師〉、そして〈節制〉だけで判断はできます。圧倒的に（A）が強く、質問に合った答えが出ていましたからね。二択を問うこの質問で〈節制〉が「混ぜ合わせろ」と言っているので、それが答えということです。向いているのは（A）ですが、希望するならどちらも混ぜ合わせて挑戦してみるといいでしょう。

引っ越しにいい
タイミングはいつ？

27歳・Nさん

①10月 ②11月 ③12月

④1月 ⑤2月 ⑥3月 ⑦4月 ⑧5月 ⑨6月

⑩7月 ⑪8月 ⑫9月

①10月：**愚者（正）**
②11月：**塔（正）**
③12月：
　ペンタクルの2（正）
④1月：**ペンタクルの
　ナイト（正）**
⑤2月：**運命の車輪（正）**
⑥3月：
　ワンドの10（逆）
⑦4月：**死（正）**
⑧5月：**ソードの3（正）**
⑨6月：
　カップのペイジ（逆）
⑩7月：
　カップのエース（正）
⑪8月：**正義（正）**
⑫9月：**司祭（正）**

N：彼との同棲を考えていて、いい物件があれば引っ越したいのですが。

賢龍：現実的にはいつ頃から引っ越しができそうなんですか？

N：10月以降になりそうです。

賢龍：では10月から来年の9月までの1年間でいい物件と出会えるかで見てみましょう。早速10月はどうですか？

N：〈愚者〉が出ています。「心の赴くままに」とあるので、ここで引っ越し

たほうがいいんでしょうか？

賢龍：ここでは今の家を出たいという気持ちは募るかもしれませんが、引っ越しには至らないと思ったほうがいいでしょう。〈愚者〉は定着しないことを表すので、ここではまだだと思います。もし10月にいい物件を見つけられたとしても先に契約されてしまうなど、現実的に引っ越すことにはならないかと。もしくは別の事情で引っ越しができなくなる可能性もあります。

N：11月は大アルカナですが〈塔〉だから見つからなそうです。12月は〈ペンタクルの2〉、1月は〈ペンタクルのナイト〉です。どう読むのでしょう？

賢龍：小アルカナなのでそこまで注目しなくてもいいのですが、図像をヒントにするとしたら、12月で〈ペンタクルの2〉のように2つの候補を見つけて、1月の〈ペンタクルのナイト〉はもうどちらにするか絞っているようにも読めます。2月はどうでしょう？

N：〈運命の車輪〉ですね！　タイミングを表すカードだからよさそうです。

賢龍：12月・1月で見つけた家に実際に引っ越したり、もしくは運命的に別のいい物件を見つけられたりするかもしれません。ただ、現実的な話でいうと、2月は入学や就職シーズンで競争が激しい時期でもありますね。

N：もしここで決めることが難しかった場合は、〈正義〉〈司祭〉が出た8月と9月のタイミングでしょうか。

賢龍：そうですね。8月は契約の意味

を持つ〈正義〉、9月は家族を意味し同棲を連想させる〈司祭〉ですから、どちらも引っ越しにはいいタイミングと言えます。今回は時期を見るだけですから、大アルカナにだけ注目すればOKです。その中で、今回は契約やタイミングを表すカードがあるかどうかで判断できるケースでした。

タイムライン

**アルバイト先を変えたい。
いいアルバイト先が
見つかるのはいつ？**

21歳・Oさん

①ペンタクルの4（正）
②星（正）
③ペンタクルの10（正）
④ソードのエース（正）
⑤ソードの8（正）
⑥ペンタクルの7（正）
⑦ペンタクルの
　ナイト（正）
⑧吊るされた男（正）
⑨カップのクイーン（正）
⑩月（正）
⑪ペンタクルの5（正）
⑫ワンドのナイト（正）
⑬審判（正）
⑭カップの2（正）
⑮魔術師（正）
⑯太陽（正）
⑰恋人（正）
⑱ワンドのクイーン（正）

賢龍：これも大アルカナを探すのが手っとり早いですね。

O：6月には〈星〉が出ています。早速希望があるのでしょうか？

賢龍：ここではOさんの中でビジョンはあるけれども、まだ具現化されないという感じでしょう。

O：8月の〈吊るされた男〉もあまりよくなさそうでしょうか。アルバイト先がどうこうというより、自分側のことですよね。制限されているというか、動けない状況にありそうな感じがします。

賢龍：いい読みだと思います。9月の〈月〉も行く先が不明瞭で、いいアルバイト先が見つからない感じがしますよね。

O：〈魔術師〉の10月はよさそうです！

賢龍：そうですね。11月はさらによさそうではないですか？

O：〈太陽〉と〈恋人〉ですね。〈太陽〉だから楽しめそうですし、条件もいいところが見つかるのでしょうか。

賢龍：この並びで見ると、10月の〈魔術師〉はアクションのカードですから、10月で次のアルバイト先の目処がついて、11月に新しく始まると解釈できそうです。〈太陽〉なので自分が輝けるような場所を見つけられるのではないでしょうか。〈恋人〉も対人関係的にいいカードですから、モチベーションが近く、価値観の合う仲間と出会えるのかも。〈審判〉の墓場から死者が復活するようなイメージで、突然いいアルバイト先が見つかるのかもしれませんよ。

人を占う時のポイント

一人占いに慣れてきたら、誰かを占うことに挑戦しましょう。
ここでは人を占ううえで大切になるポイントを紹介します。

1. 質問を明確にする

一人占いと同様に、質問を整理しましょう。「転職するか迷っている」というお悩みでも、本当に悩んでいるのは上司との関係だったりします。YES・NOを問う質問でも、内容を詰める必要があります。悩みを見極め、「では今の仕事を続けた場合、上司との関係がどう変化するか占いましょう」などとまとめることが大切です。140・141ページで質問の整理の仕方をおさらいし、相手の質問を明確化しましょう。

2. 相手に参加してもらう

シャッフルはぜひ相手に参加してもらいましょう。悩みを抱えて心を閉ざしている方も、共同作業を通じてリラックスしてくれることが多く、リーディングもスムーズに行えます。具体的には、146・147ページの手順③でデッキの上に相手の片手を乗せてもらい、質問を心の中で唱えてもらいます。続けて自分も片手（毎回同じほうの手）を乗せて念じ、手順④も相手に任せます。その後は通常通りカードを展開します。

3. 臨機応変に読み替える

一人占いでは、自分の現状をカードに合わせて解釈できますが、人を占う場合は、こちらの解釈が相手の状況に即さないことも。そんな時は話を引き出しながら、柔軟に読み替えることが大切です。たとえば「アドバイス」にコートカードが出た場合、「このような人物の力を借りて」と読めますが、相手に心当たりのある人がいない場合、「ではあなたがこの人物のように行動するといいのかも」と読み替えられます。

知人の知人を占う

実際に私がやっていた方法ですが、人を占ってみたいけれど緊張してしまう……という方は、メールなどを介して知人の知人を占うのがおすすめです。近しい相手だとのちのち面倒事が起こる可能性もありますが、少し遠い相手なのでほどよい距離感を保てます。また、メールなら送られてきた質問内容に対して時間をかけて解釈でき、結果を文章化することによって、自分のリーディングが明瞭になります。上達の手段としてもいい方法です。

Q & A

カードの扱い方や、占うにあたってぶつかる些細な疑問など、
初級者の方が抱えがちな問いにお答えします。

タロットクロスは必要？

できれば用意しましょう。カードを傷めないで済むうえ、気持ちの切り替えにもなり、場も整えられます。無地のものが占いの邪魔になりません。ベルベットの布を約80×80センチで購入し、端を縫って手作りするのもおすすめです。

カードはどうやって保管する？

道具として丁寧に保管すれば問題ありません。ただ常に整った状態でリーディングしたい場合や、リーディング後の気持ちを落ち着けるためのアクションとして、シルクの布で包んで保管、または木箱で保管するのもおすすめです。

シャッフルを止めるタイミングは？

心が落ち着き、「もう混ざったかな」と感覚的に思えればOKです。あらかじめ何周混ぜるか回数を決めてもいいでしょう。たとえばカードの7枚目を引くのと同様に、7回シャッフルするというルーティンを作るのもいいと思います。

カードを処分する時は？

道具として適切な処分方法であれば、何でも構いません。燃えるゴミとして捨てる、人に譲る、お焚きあげをするなど納得できる方法で処分しましょう。カードは消耗品なので、処分することに罪悪感を覚える必要はありません。

占ってはいけないことは？

特にありませんが、生死や病気を占うのはおすすめしません。結果によって人の行動が左右されることに大きなリスクがあるからです。また、医療などの専門の分野は、それぞれの専門家に任せるべきであると私は思います。

占うのに向いている時は？

私の個人的な見解ですが、どんなコンディションや時間帯でも自分が大丈夫だと思える時であればいつでも占えます。特に言い伝えなどの禁忌に囚われず、体力的・精神的な不調を除く場合であれば、どんな時でもいいでしょう。

セカンドデッキを選ぶ時は？

今は様々なデザインのものがあり、大きさや紙質、絵柄も多岐に渡ります。自分が使いやすいものが一番ですので、好みのものを購入しましょう。個人的には大きすぎないカードのほうが場所を選ばずに使え、扱いやすいと思います。

タロットカードの貸し借りはOK？

問題ないです。中古や人から譲り受けたデッキを使うことも同様です。カードは持ち主以外の人に触れさせないほうがいいという説もあるようですが、むしろ初めてのデッキは人からもらうと運気がいいとする考え方もあります。

キーワード一覧

大アルカナ

0	愚者	自由、どこにも属さない、始まり、新たな道、冒険精神、好奇心旺盛、純粋な心、夢想家、リスクをいとわない、無責任、無計画
1	魔術師	アクション、パフォーマンス、コミュニケーション、コントロール、積極性、想像力、意思決定、情報、伝達、告知、道具や技術を使う、管理
2	女司祭	直感、本能的、生理的、潜在意識、無意識、洞察力、神秘性、静観、貞潔、清楚、処女性
3	女帝	成長、成功、繁栄、多産、豊かさ、生産性、母性像、女性原理、グレートマザー（地母神）、受動的、安定、安楽、ラグジュアリー
4	皇帝	勝利、達成、克服、成功、安定、権威、支配、掌握、行動力、統率力、現実的、世俗的、男性原理
5	司祭	信仰心、慈悲深さ、奉仕、倫理感、道徳感、モラル、規則、保守、秩序の維持、学習、教え、導き、家族、結婚、包容力、上下関係、宗教、役所
6	恋人	純潔、純真、無邪気、青春期、人間愛、処女性、交際、ロマンス、感覚的な楽しさ、開放感、感性の一致、オープンマインド
7	戦車	勝利、成功、アクティブ、勢い、行動力、衝動性、アイデンティティの確立、意志の力による獲得、勝ち気、自己の道を行く
8	力	不屈の精神、自制心、強い意志、忍耐、克服、持久力、勇気、自尊心、受容、寛大、汚れなき清らかさ、信仰による真の強さ
9	隠者	達観、内省、内観、自己探求、瞑想、精神修行、学者、独りの時間、孤独、時間、時
10	運命の車輪	運命の導き、転機のタイミング、ターニングポイント、物事の好転、思いがけない変化、循環性、流される
11	正義	公平、公正、常識、モラル、正当性、法の下での正しさ、法的な手続き、解決、感情を抜きにした事例、契約、婚約
12	吊された男	保留（ペンディング）、自己犠牲、忍耐、献身、奉仕、物事を手放す、受け入れる、高次元の意識の獲得、悟り
13	死	終わり、白紙、終結、無関係、刷新、変容、精神的な死、霊的進化、古い考えや信念からの脱却、解放、復活のプロセスの始まり、終わりの始まり
14	節制	節度を保つ、自制心、混合、完全性、調整、調和、統合、錬金術、和解、変容のプロセス、つなぐ、絆、縁、比喩的に使われる架け橋
15	悪魔	本能、欲求、依存、執着、中毒、束縛、惰性、物質主義、快楽に溺れる、悪徳、倫理に反する行為、カトリックにおける罪源、創造性、アーティスト
16	塔	突然の変化、天の啓示、現状突破、解き放つ体験、すべてが見通せる、強烈な印象、ショック、破綻、自信喪失、権力の崩壊、計画の中断、天災
17	星	希望、夢の認識、展望、予見、予知、未来へのビジョン、インスピレーション、スピリチュアル、浄化、精神的なつながり、アート、創造力、美意識
18	月	不安、恐れ、幻影、見えない真実、分別を失う、混乱、影（シャドー）、深層心理、無意識、直観、隠された事柄
19	太陽	祝福、達成、成就、名声、活力、生命力、回復、物事が明らかになる、公になる、単純さ、純粋さ、開放感、天真爛漫、守られている状態
20	審判	よみがえり、復活、覚醒（目覚め）、気づき、悟り、意識の改革、悔い改める、克服、報われる時
21	世界	完成、達成、終局、コンプリート、充実、調和、安定、達成感、ベスト、全体意識

小アルカナ

エース	ワンドのエース	創造的な力、熱意、自信、勇気、起源、根元、原理
	ソードのエース	精神的な力、ひらめき、アイデア、決意、強い意志
	カップのエース	感情的な力、喜び、慈愛、裕福、愛の始まり
	ペンタクルのエース	実質的な力、信頼、信用、新プロジェクト、新たな財源、完全な満足

2	ワンドの2	静寂と活発、崇高と苦難、壮大な物事に対するたかぶりと不安
	ソードの2	行き詰まり、間合いをとる、板挟み、熟考、協調と均衡
	カップの2	愛、友情、調和、共感、同情、男女の相互関係、2人の結合
	ペンタクルの2	2つの可能性や問題、やりくり上手、要領がいい、二重生活
3	ワンドの3	約束された成功、有能な協力者、展望、可能性、貿易、商業
	ソードの3	離散や分割に伴う痛み、喪失、除去、解任、転居、撤去
	カップの3	幸せな結末、問題の終結、完成と歓楽、勝利、友情
	ペンタクルの3	熟練の仕事、プロ、創造性と実践的スキルによる成功、職業、商売
4	ワンドの4	祝賀、喜び、結婚、1つの到達地点、完成、平和、安泰、休息
	ソードの4	問題の一時的な休息、熟考、内省、警戒、休戦
	カップの4	欲求、飽きる、マンネリ、不満足、大切なものが見えていない
	ペンタクルの4	所有の保証、物や金銭への執着、保守、贈り物、遺産、継承
5	ワンドの5	達成への競争、切磋琢磨、悪戦苦闘、戦う準備、スポーツ
	ソードの5	敗北、退行、左遷、喪失、悪評、不名誉、勝ち負けへのこだわり
	カップの5	落胆、失望、一部損失、期待はずれ、すべて失ったわけではない
	ペンタクルの5	金銭・仕事・体調面での苦難、物質的・社会的地位における苦悩
6	ワンドの6	勝利、凱旋、喝采、祝福、野望への途中の道のり
	ソードの6	過渡期、安全な移動、考え方の移行、事の推移、移り変わり
	カップの6	幼年期の記憶、懐かしさ、過去の幸福、振り返り、守られた場所
	ペンタクルの6	贈り物、贈与、援助、富や資源のシェア、助け合い、満足感
7	ワンドの7	競争心、野心、論争、交渉、成功、トップを維持するための戦い
	ソードの7	計画、試み、願望、口論、失敗する計画、不注意
	カップの7	幻影、妄想、空想、混乱
	ペンタクルの7	評価前の思案、道のりを振り返る、次への準備、サイクルに従う
8	ワンドの8	吉報、ゴールへの動き出し、幸福への展開、恋の報せ、可能性
	ソードの8	思考による制御、優柔不断で停滞、変化を迫られる、権力で束縛
	カップの8	大した問題ではない、高次元への移行、諦める、執着を捨てる
	ペンタクルの8	新技術の初期段階、職人気質、仕事や商売の手腕、集中状態、雇用
9	ワンドの9	反抗、抵抗勢力、自我の保持、忍耐、立場の保持、保守的、恐れ
	ソードの9	絶望感、失望感、罪悪感、苦悩、負の連鎖、洞察への妨げ
	カップの9	精神的満足、物質的成功、感覚的喜び、落ち着き、自尊心
	ペンタクルの9	達成、成功、夢の実現、物質・金銭面の潤い、利益向上、玉の輿
10	ワンドの10	自分から重荷を背負う、責任、成功による重圧、豊かさの代償
	ソードの10	苦痛、苦悩、悲しみ、荒廃、感情が肉体を貫いた状態
	カップの10	達成による満足、安定した幸福感、完全な愛情と友情、休息
	ペンタクルの10	物質的な安定と満足、永続性、繁栄、相続、財産、家族の問題
ペイジ	ワンドのペイジ	潜在的な可能性、新しいアイデア、若い意志、志
	ソードのペイジ	抜け目のなさ、用心深い、考えすぎ、孤立、計算高い
	カップのペイジ	夢見る人、淡い気持ちを抱く、理想主義、ピーターパン症候群
	ペンタクルのペイジ	習得への没頭、堅実的、保守的、安定感、準備が整う
ナイト	ワンドのナイト	エネルギーがあふれる、考えるより行動派、せっかち、出発
	ソードのナイト	手腕、勇気、頭脳明晰、強い集中力、抵抗
	カップのナイト	伝達者の到来、進展、潜在意識からのメッセージ、白馬の騎士
	ペンタクルのナイト	忍耐力、責任感、堅実、建設的、正直、野心家
クイーン	ワンドのクイーン	信頼、落ち着き、自信、親しみがあるが高潔で尊敬すべき人
	ソードのクイーン	強い意志、決断、厳しさ、離別
	カップのクイーン	献身的、感受性豊か、優れた洞察力、味方になってくれる人物
	ペンタクルのクイーン	寛大さ、優れた助言者、信頼と安定、分かち合う気持ち
キング	ワンドのキング	権限、イニシアチブ、創造的精神、世俗的、良心的、地方人
	ソードのキング	明晰な思考、論理的な考え、権威、法律、裁判に関すること
	カップのキング	優れた知性、同情心、表現者、優柔不断、宗教者、ヒーラー
	ペンタクルのキング	実現のための才能や知性、計算高い、したたか、金銭面での成功

『タロット占いの教科書』をお手にとっていただき、誠にありがとうございます。ご存知の方もいるかもしれませんが、私は先に占星術の書籍を刊行しており、多くの方のイメージは、「賢龍雅人はホロスコープの人」なのではないかと思います。でも実はタロット歴のほうが長く、占いの世界に入ったのもタロットからでした。

私にとってタロットカードとは、音楽家にとっての楽器のようなものです。聴く人を感動させたいという思いがあった時に、歌唱は得意でないとわかっている。でも楽器をマスターすることができれば、自分の表現したかったサウンドを現象化できる。しかも自分と相性のいい楽器であれば、自分の能力を超えた音を奏でられる。そのような表現のための道具です。

スプーン・カスタネットという楽器をご存知でしょうか。ケルト、カントリー、ジャズ、アジアン・フォークなど、様々なジャンルで使われる、2つのスプーンをカスタネットのように鳴らす楽器です。食事で使うスプーンをリズム楽器として流用しているのですが、スプーンは食物を口に運ぶものであって、楽器ではありません。ところが誰かが考案したのでしょう。これでリズムを奏でれば、素晴らしい楽器になると。

実はタロットカードも、占いの道具ではありませんでした。現代の研究では、15世紀後半に遊戯用として作られたのがその由来です。それがいつの間にか、人生における悩ましい問題の答えを、このカードに求められるようになっていきました。もともと占いのた

めに考案されたものではないので、カードの意味やリーディング方法において、厳密な正解はありません。ですが、そのような不完全な道具だからこそ、先人たちの生活に根づいたヒントや、人間臭さをエッセンスとして加えられる。それがタロット占いの面白さなのだと思います。

本書の完成には、多くの方々のお力添えがありました。東京アストロロジー・スクール主宰であり、占いに関してだけでなく、出版業界や様々な面における先輩の鏡リュウジさん。推薦コメントだけでなく、デザイン、一部の原稿チェックなど、様々な部分でアドバイスをいただきました。世界的なタロット研究家・コレクターである夢然堂さんには、ウェイト＝スミスデッキの原版についての情報のご提供、またマルセイユ版デッキの「コンヴェル版」の画像をご提供いただきました。

本書を企画された新星出版社の担当の町田美津子さん。縁をつないでくださった、早稲田大学占い研究会代表の横山幸太さん。本書のサンプルリーディングにご参加いただいた、早稲田大学占い研究会の皆さんと新星出版社のスタッフの方々。編集やライティングに大きなお力添えをいただいた、説話社の仲川祐香さん、津沢紗月さん、山田奈緒子さん。本当にありがとうございました。

このタロットデッキとテキストが、皆さんの人生に幸せのメロディーを奏でる手伝いをしてくれることを願って。

賢龍雅人

参考図書

『完全マスター タロット占術大全』伊泉龍一（著），説話社
『リーディング・ザ・タロット』伊泉龍一（著），ジューン澁澤（著），駒草出版
『タロット大全―歴史から図像まで』伊泉龍一（著），紀伊國屋書店
『タロットの書 叡智の78の段階』レイチェル・ポラック（著），伊泉龍一（翻訳），フォーテュナ
『ラーニング・ザ・タロット』ジョアン・バニング（著），伊泉龍一（翻訳），駒草出版
『シークレット・オブ・ザ・タロット』
　マーカス・カッツ（著），タリ・グッドウィン（著），伊泉龍一（翻訳），フォーテュナ

『タロット―こころの図像学』鏡リュウジ（著），河出書房新社
『タロットの秘密』鏡リュウジ（著），講談社
『タロット バイブル』
　レイチェル・ポラック（著），鏡リュウジ（監訳），現代タロット研究会（翻訳），朝日新聞出版
『タロットワークブック』
　メアリー・K・グリーア（著），鏡リュウジ（監訳），現代タロット研究会（翻訳），朝日新聞出版
『完全版 タロット事典』アンソニー・ルイス（著），鏡リュウジ（監訳），片桐 晶（翻訳），朝日新聞出版
『ユリイカ タロットの世界 鏡リュウジ責任編集』鏡リュウジ（著，編集，翻訳），伊藤博明（著），
　夢水堂（著），今野喜和人（著），武内大（著），江口之隆（著），伊泉龍一（著，翻訳）他，青土社

『魂をもっと自由にするタロットリーディング』松村 潔（著），説話社
『いますぐ深読みできる フレンドリー・タロット』いけだ笑み（著），太玄社
『タロット象徴事典』井上教子（著），国書刊行会
『タロット解釈実践事典』井上教子（著），国書刊行会

『タロット』アルフレッド・ダグラス（著），栂 正行（翻訳），河出書房新社
『タロット』アニー・ライオネット（著），森泉亮子（翻訳），ガイアブックス
『タロットバイブル』サラ・バートレット（著），乙須敏紀（翻訳），産調出版

『ルネサンスの神秘思想』伊藤博明（著），講談社
『ユング心理学入門』河合隼雄（著），河合俊雄（編集），岩波書店
『昔話の深層 ユング心理学とグリム童話』河合隼雄（著），講談社

『高等魔術の教理と祭儀（教理篇）（祭儀篇）』エリファス・レヴィ（著），生田耕作（翻訳），人文書院
『現代魔術の源流 [黄金の夜明け団] 入門 』
　チック・シセロ，サンドラ・タバサ・シセロ（著），江口之隆（翻訳），ヒカルランド
『ウェイト＝スミス・タロット物語』K・フランク・イェンセン（著），江口之隆（翻訳），ヒカルランド

『イメージ・シンボル事典』アト・ド・フリース（著），大修館書店
『世界シンボル大事典』ジャン シュヴァリエ，アラン ゲールブラン（著），
　金光仁三郎，熊沢一衛，白井泰隆，山下 誠，山辺雅彦（翻訳），大修館書店
『図説 世界シンボル事典』ハンス ビーダーマン，藤代幸一（翻訳），八坂書房
『西洋シンボル事典』ゲルト ハインツ＝モーア（著），野村太郎（翻訳），八坂書房
『図像学事典 - リーパとその系譜』水之江有一（著），岩崎美術社
『図説ユダヤ・シンボル事典』エレン フランケル（著），木村光二（翻訳），悠書館
『ローマ教皇歴代誌』
　P.G. マックスウェル‐スチュアート（著），高橋正男（監修），月森左知，菅沼裕乃（翻訳），創元社

『The Pictorial Key to the Tarot』Arthur Edward Waite（著），Pamela Colman Smith（イラスト）
『The Complete Illustrated Guide to Tarot』Rachel Pollack（著），Element Books Ltd; Illustrated
『Game of Tarot』Michael Dummett（著），US Games Systems
『Tarot Cards Painted by Bonifacio Bembo for the Visconti-Sforza Family』
　Gertrude Moakley（著），New York Public Library
『The Tarot: A Key to the Wisdom of the Ages』Paul Foster Case（著），TarcherPerigee; Reprint 版

著者／**賢龍雅人**
けんりゅうまさと

長年にわたるカルチャーセンター、占いスクールでの豊富な鑑定経験を活かした丁寧な指導に定評がある。鏡リュウジ氏を主幹とする東京アストロロジー・スクールでも、講師とチューターを務める。占星術ソフトやアプリにも精通し、様々な占星術書にマニュアルを寄稿。著書にマイ・ホロスコープBOOKシリーズ『本当の自分に出会える本』『本当の恋愛・結婚観がわかる本』『本当の仕事・お金観がわかる本』（説話社）がある。

Staff

装丁・本文・カードデザイン	菅野涼子（説話社）
イラスト	中尾悠
カード画像提供	夢然堂
編集協力	仲川祐香　津谷紗月（説話社）
協力	早稲田大学占い研究会

本書の内容に関するお問い合わせは、**書名、発行年月日、該当ページを明記**の上、書面、FAX、お問い合わせフォームにて、当社編集部宛にお送りください。**電話によるお問い合わせはお受けしておりません。**また、本書の範囲を超えるご質問等にもお答えできませんので、あらかじめご了承ください。

FAX：03-3831-0902

お問い合わせフォーム：https://www.shin-sei.co.jp/np/contact-form3.html

落丁・乱丁のあった場合は、送料当社負担でお取替えいたします。当社営業部宛にお送りください。

本書の複写、複製を希望される場合は、そのつど事前に、出版者著作権管理機構（電話：03-5244-5088、FAX：03-5244-5089、e-mail：info@jcopy.or.jp）の許諾を得てください。

JCOPY ＜出版者著作権管理機構 委託出版物＞

新ウェイト版フルデッキ78枚つき タロット占いの教科書

2023年12月15日　初版発行
2024年5月5日　第4刷発行

著　者	賢　龍　雅　人
発　行　者	富　永　靖　弘
印　刷　所	公和印刷株式会社

発行所　東京都台東区　株式　**新星出版社**
　　　　台東2丁目24　会社
　　　　〒110-0016　☎03(3831)0743

© Masato Kenryuu　　　　　　　　　　　Printed in Japan

ISBN978-4-405-07589-4